기독교의 상담심리학과
불교의 상담심리

활 안 스님 공저
이 창 복 목사

불교정신문화원

서 문

내가 활안큰스님을 뵈온 곳은 서울에 있는 한국불교금강선원에서였다. 첫인상이 티 하나 없이 맑고 깨끗한 모습에 무척 다정스러워 나도 모르는 사이에 부모 형제를 만난 것 같은 느낌을 가지게 되었다.

두 시간 동안 우리는 불교와 기독교에 대한 이야기를 나누었는데 기본교리와 제반의식에 있어서 전혀 거부감을 느끼지 않고 편견이 없이 잘 받아 주셨다.

대화가 나의 논문에 이르러서 청소년복지와 마약, 범죄, 성폭력 등에 이르자 "이 시대 종교인들이 가장 큰 관심을 가져야 할 것이 바로 이 방향이다" 하시며 함께 교육할 것을 제의하였다.

나는 평소 성결대학원(M.Div, Th.M.)에서 실천신학을 전공했고, 청소년 목회상담, 위기상담 등의 논문을 쓴 바 있기 때문에 오히려 감사한 마음으로 활안 큰스님의 권고를 받아들여 본서를 집필하기로 작정하였다.

그러나 현직 목회자가 기독교의 입장에서 본서를 썼기 때문에 실제로 불교의 입장에서는 볼 수 없는 한계가 있었다. 그러나 다행히도 스님께서 이점을 간파하시고 필자가 쓴 본서의 각장 끝 부분마다 불교의 입장에서 본 내용을 첨부해 주셨다. 금상첨화가 아닐 수 없다. 지금까지 혹 기독교와 불교의 비교를 다룬 책은 있는지 모르겠으나, 현직 목회자와 스님이 협력하여 기독교와 불교의 입장에서 쓴 책은 본서가 최초일 것이다.

피차 종교가 다르다 보니 어느 정도 견해의 차이는 있을 수 있겠으나 종교간의 편견과 아집을 초월하여 썼다는 점에서 본서의 의의를 두고 싶다.

끝으로 이 책을 읽는 모든 분들이 기독교와 불교의 상담원리 뿐만 아니라 기독교와 불교를 보다 깊고 넓게 이해하는 계기가 되기를 기원하면서 이 책이 나오기까지 도와주시고 함께 편찬해주신 활안스님께 진심으로 감사를 드린다.

2003년 6월 26일
법운 이창복 근저

머 리 말

　깨달음의 종교와 믿음의 종교는 근본적으로 다른 점이 많다. 깨달음의 종교는 철학적 사고 속에 과학적 증거를 바탕으로 하고 있는데 반하여 믿음의 종교는 신을 의지하여 구원을 요청하고 있기 때문이다.
　특히 우주 인생의 근본을 신의 창조에 두느냐 인연력에 의한 원소의 이합집산에 두느냐에 따라 엄청난 차이를 나타내고 있다. 마치 태양의 돌기를 위에서 보느냐 아래서 보느냐에 따라 같은 만자인데도 卍·卐의 차이를 나타내는 것 같다.
　그러나 모든 종교의 이상이 악을 징발하고 선을 행하며 범부의 어리석음을 굴려 성현의 지혜를 형성하고 온갖 고통을 여의고 지극히 즐거운 세계를 추구하는 것은 똑같다.
　특히 벼랑에선 청소년 문제와 어린이들의 교육은 학교나 가정교육만으로 완성할 수 없으며, 종교적인 진리관과 윤리 도덕으로 이를 바로 잡을 수 있다고 생각하기 때문에 극과 극의 상반된 논리를 가지고 이 문제를 함께 생각해 보기로 하였다.

기독교적인 사고는 이창복목사의 논문을 기본으로 하고, 불교적인 입장은 각 경론에 나타나는 말들을 인용하여 서로 대비하여 생각해 볼 수 있도록 하였으며, 특히 기독교적인 진리관과 인도 선교전략 같은 지극히 전도적인 사고방식에 의해 논술된 글들은 독자들이 읽고 평가할 수 있도록 조정하지 않았다.

또 불교적인 것도 불교 이전의 인도 철학이나 사상을 소개하고 논술한다면 보다 이해가 쉬울 것으로 생각하지만 여기서는 두 종교를 양립화 한 가운데서 현대사회를 조명하는 입장에서 글을 썼기 때문에 있는 그대로 소개하였을 뿐이다.

그러므로 독자여러분께서는 어느 종교가 우열(優劣)하고 광협(廣狹)하다는 생각보다는 현대사회의 모든 문제들을 어떤 방법으로 구원해야 될 것인가에 대하여 깊이 생각해 주시기 바란다. 중생의 고통을 구하는데 무슨 네 종교 내 종교가 필요하겠는가.

이 글을 쓰는데 함께 동참해주신 이창복목사님께 감사드리며 장차 인류의 복지를 위해 함께 회향하기를 바란다.

불기 2547년 8월15일
한국불교금강선원 총재 활안 한정섭

일러두기

1. 이 책은 기독교 상담심리와 불교 상담심리를 중점적으로 기록하였다.

2. 그 가운데서도 기독교와 불교의 진리관을 밝히면서 새신자 학교의 운영과 청소년, 중·고등부, 어린이의 신앙교육을 집중적으로 조명하였다.

3. 간간이 교양을 위해 성서의 시편과 법구경, 솔로몬의 지혜와 아쇼카왕의 정법정신, 그리고 잠언과 열반경 이야기들을 간추려 정리하였다.

4. 자기 종교에만 열심히 살아온 사람들이 처음 대할 때는 죽도 밥도 아닌 이상한 음식을 대하는 느낌을 가질는지 모르겠다. 그러나 하늘과 땅이 모두 하나의 허공 속에 존재하고 있다는

사실을 깨닫는다면 별로 이상스러울 것이 없을 것이다. 선악을 심판하는 일은 서로 달라도 세상을 복되게 하는 것은 같기 때문이다.

5. 모든 글은 종교적인 면에서는 동감을 찾고 전도 포교의 입장에서는 각기 다른 입장을 있는 그대로 실었다. 기독교인은 불교를 이해하고 불교인에게는 현대 기독교인들의 생각이 어느 정도에 와 있다는 것을 이해시키기 위해서이다.

목 차

서문(이창복 목사) 3
머리말(활안 스님) 5
일러두기 7

인생의 삶을 변화시키는 종교 12
  1. 종교신앙과 성서공부를 해야할 이유 12
  2. 공부의 방법 14
  3. 실천적인 방법 22
  4. 믿음을 위한 경구들 25
기독교의 진리관과 불교의 진리관 29
  1. 기독교의 진리관 30
  2. 불교의 진리관 53
  3. 잠언과 열반경의 말씀 66
기독교와 불교와의 대화 76
  1. 기독교적 사고 76

2. 불교적인 사고 ··· 90
  3. 아름다운 시편들 ·· 96
새신자 학교 ··· 104
  1. 새신자에 관한 이해 ··· 105
  2. 불교와 새신자 ··· 112
  3. 기독교 새신자 학교 교육의 원리 ··································· 115
  4. 새신자 교육 목표 ··· 118
  5. 새신자 교육의 중요성 ··· 124
  6. 새신자 학교 교육의 실제 ·· 127
  7. 새신자 교육에 대한 제언 ·· 139
  8. 솔로몬의 지혜와 아쇼카왕의 정법정신 ························· 142
청소년 신앙지도 방안 ··· 149
  1. 연구의 목적 ··· 149
  2. 청소년의 일반적 개념 ··· 151
  3. 청소년의 신앙지도 이론 ·· 154
  4. 청소년의 신앙지도 방향 ·· 157
  5. 기독교의 십계명과 불교의 오계 ····································· 185
성공적인 중·고등부 운영을 위하여 ·· 189
  1. 중·고등부 부흥과 교화 성장 ··· 190
  2. 중·고등부 공통점과 문제점 ··· 204
  3. 중·고등부 성장 방안 ·· 212
  4. 청소년 불교교육의 허와 실 ·· 221
초등부 어린이들의 신앙교육 ·· 227
  1. 기독교적인 사고 ·· 227

2. 신앙 발달 단계 이론에 대한 평가 ·································232
　　3. 초등부 어린이의 신앙교육 ···233
　　4. 불교적인 사고 ···243
인도 선교전략 ··252
　　1. 힌두교의 역사와 기본사상 ···254
　　2. 인도 선교전략 ···265
　　3. 불교의 입장 ···271
발문 ··274

인생의 삶을 변화시키는 종교

1. 종교신앙과 성서공부를 해야할 이유

　종교는 우주인생의 근본을 가르치는 진리다. 사람이 우주인생의 근본이치를 알지 못하면 이 세상만 알고 저 세상은 몰라 한정된 운명 속에서 각박한 인생을 살게 된다. 그런데 이 세상과 저 세상을 알고 또 내 종교와 다른 종교도 이해하게 되면 보다 넓은 세계에서 여유 있는 인생을 살게 될 것이다.

　그런데 여기서 말하는 종교는 일단 "기독교와 불교"를 말한다. 이 세상에 많은 종교가 있지만 이 책을 쓰는 사람들이 이 두 종교에 한정되어 있기 때문이다. 그러나 이 글은 이 두 종교를 기준 삼아 생각해보면 모든 종교에 공통될 수 있다는 사실도 잊어서는 안될 것이다.

　그런데 여기서 우리가 한가지 더 생각해 보아야 할 문제는 무엇 때문에 그 많은 사람들이 하구 많은 시간을 허비해 가며 신학 공부를 하고 불경 공부(다음부터서는 이 두 가지를 한데 합하여 "성스러운 공부"라 부르겠다)를 해야하는 지 알 수 없다는 사실이다. 인류의 역사를 보면 결혼도 하지 않고 일생을 종교에 바친 사람들이 많이 있기 때문이다.

옛 사람들은 그 이유를 다음 세 가지로 밝히고 있다.

첫째, "성스러운 공부"는 사람들의 정신을 성장시키고

둘째, "성스러운 공부"를 하면 사람들의 정신이 성숙되고

셋째, "성스러운 공부"를 하면 효과적인 인간생활에 필수적 역할을 할 수 있기 때문이다.

마치 그것은 갓난아이들에게 젖을 먹이면 점점 자라 어른이 되는 것 같이 보통사람도 "성스러운 공부"를 하면 무식한 사람이 유식하게 되고, 어리석은 사람이 지혜롭게 되어 범부가 성현이 될 수 있다. 실로 그 속에는 아름다운 교훈과 바른 깨달음이 들어있고 자신과 사회를 거룩하게 만드는 좋은 훈련법이 들어있으며 모든 고통을 소멸하고 항상 즐겁게 살 수 있는 종교와 철학이 들어 있다.

뿐만 아니라 "성스러운 공부"를 하면

첫째, 성전을 다루는 능력에 자신감이 생기고, 다른 사람들의 의견을 판단할 수 있는 능력이 생기며,

둘째, 새로운 발견의 기쁨을 얻게 된다. 왜냐하면 모든 성전에는 이 지상의 최고 아름답고 착하고 진실한 것이 들어있고, 세상 밖의 영원한 삶과 즐거움까지도 포함하고 있어 진짜 자유롭고 깨끗한 진리가 그 속에 들어있기 때문이다.

셋째, "성스러운 공부"를 하면 이 세상의 진·선·미는 말할 것도 없고, 세상 밖의 천국의 소리까지도 들을 수 있는 이득을 얻게 된다. 그래서 성경공부나 불경공부는 필요한 것이다.

그러면 어떻게 공부하여야 그 같은 이득을 얻고 그 같은 삶을 실천할 수 있을 것인가. 이제 그 공부 방법을 찾아보도록 하자.

2. 공부의 방법

"성스러운 공부"를 하고자 하는 사람은 자기가 원하는 성전에 대한 관심을 가지고 본문에 접근하여 관찰하여야 한다. 그리고 원을 세워야 한다.

"나의 이 어리석은 눈을 열어서 성현의 가르침을 보게 하소서." <성경>

"생각 생각에 의심하지 말라. 구원자는 청정하신 성현이기에 고뇌와 죽을 액에 있어서 능히 의지와 믿음을 짓느니라." <불경>

이것은 곧 관찰의 능력을 기구한 기도이다.

그런데 모든 성전은 길고 짧은 문장들이 서로 연결되어 있으므로 한꺼번에 많은 양을 공부하려 하면 어렵게 된다. 우선 짧은 구절부터 한 구절씩 시작하는 것이 좋다.

그런데 어떤 사람이 성전공부를 한 구절씩 시작했다면 먼저

그 문장에 나타나는
　① 주요한 용어와
　② 등장 인물
　③ 원인과 결과
　④ 용어에 대한 바른 뜻
　⑤ 지명의 중요성
　⑥ 전체의 책과 연관된 사항들을 이해할 수 있게 정리하여
야 한다.
　그렇게 하다보면 자연적으로 그때부터 성전을 읽는 방법과 쉽게 이해하는 이치를 터득하게 되기 때문이다. 옛 사람들은 성전을 올바로 읽기 위해 다음과 같은 전략을 세웠다.
　첫째, 진리탐구의 자세로 성서에 임했다.
　둘째, 같은 문장을 반복해서 읽고
　셋째, 인내하여 읽고
　넷째, 분석적으로 읽고
　다섯째, 기도하는 자세로 읽고
　여섯째, 다양한 방법으로 읽고
　일곱째, 묵상하면서 읽고
　여덟째, 목적을 이해하며 읽고
　아홉째, 내용을 소화하여 가며 읽고
　열째, 망원적인 시각을 가지고 읽고
　열한째, 단락을 지어 읽었다.
　이렇게 탐구하는 자세로 공부하면 생각이 진리 속에서 되새김질하게 되고, 한자리에서 큰소리로 반복해서 읽으면 그 속

에서 생각치 못했던 계획들이 나타나기 때문이다.

　책 한 권을 읽으려면 여간한 인내심으로는 안된다. 처음부터 끝까지 깊은 인내심으로 읽어 가면 결국에는 8만대장경, 베다 같은 대하성전도 끝까지 독파할 수 있다. 또 그것을 읽을 때 언제 어디서 누가 누구 앞에서 어떤 인연으로 설하여 어떤 결과를 가져왔다는 육하원칙(六何原則)에 의하여 읽으면 인과 인연의 논리가 더욱 정연하게 나타난다.

　그러므로 "성스러운 공부"를 하는 사람은 다른 사람을 흉내내지 말고 먼저 찬양하고 묵상하고 참회하면서 기도하는 자세로 공부하라. 그렇게 하면 자기 독특한 세계가 전개되리라.

　만일 그것이 잘 안되거든 읽다가 써보고 가끔씩 환경을 바꾸어 볼 필요가 있다. 조용히 묵상하여 그 글이 현재 나에게 무슨 의미를 부여하고 있고, 세상에는 어떤 메시지를 전달하고 있는가 조용히 생각해 보면 반드시 거기에는 획기적인 문제가 들어있는 것을 발견하게 될 것이다.

　그래서 불교에서도 남방불교에서는 9분법을 말하고 대승불교에서는 12분법을 말하고 있다.

　12분법은 불교성전 내용과 문체를 구분해 놓은 것인데,

① 계경(契經) : 진리의 근본이 되는 산문체 경전
② 중송(重頌) : 산문체 경전을 거듭 새로 표현한 것
③ 수기(授記) : 제자들에게 장차 어떻게 된다고 예언한 것
④ 풍송(諷頌) : 홀로 생각 속에서 표현한 독립된 시
⑤ 자설(自說) : 묻지 않는데 스스로 생각 대화하신 법문

⑥ 연기(緣起) : 인연의 도리를 설명한 것
⑦ 비유(譬喩) : 비유로써 은밀한 진리를 표현한 것
⑧ 본사(本事) : 부처님이나 제자들의 전생담
⑨ 본생(本生) : 부처님의 전생 보살행 이야기
⑩ 방광(方廣) : 바르고 참된 진리
⑪ 미증유(未曾有) : 일찍이 보고 듣지 못한 것
⑫ 우바데사(論議) : 논문

이 그것이다. 이 가운데서 방광, 수기, 무문자설의 3부를 뺀 것이 9부이다.

이렇게 문법적 구조와 문학적 연구를 통해 목적을 파악하여 내용을 소화시키되 부분과 전체를 접속시키면서 읽으면 그 가운데서 시간적 공간적 역사와 철학을 이해하게 될 것이다. 그리하면 하나 하나의 단락 속에 주격이 분명히 드러나 세계와 우주 인생의 이치가 손바닥 위의 구슬처럼 나타난다. 제목은 어찌하여 그렇게 지어졌고 부제는 어찌하여 그렇게 붙이게 되었으며, 서문과 머리말, 추천사, 발문이 쓰여지게 된 동기까지도 확실하게 이해하면 그 책이 창작된 이후 발전한 과정까지도 이해하게 될 것이다.

그런데 옛사람들은 그렇게 공부하면서도 효과적인 관찰을 위해 다음 여섯 가지에 주목하였다.

① 강조되고 있는 것
② 반복되고 있는 것
③ 연관지어진 것
④ 서로 비슷한 것과 상반된 것

⑤ 실생활에 도움되는 것
⑥ 전체의 그림을 한 눈에 보고 정리하는 것이다.

다섯 손가락으로 숫자를 하나하나 세어가며 낱낱이 공부하다가 마지막 여섯 번째에 이르러 그 실마리를 거머쥔 것처럼 그 문장에서 강조된 것을 주목한다.

또 반복되는 용어·구절·인물·사건·상황·유행·기타 다른 곳에 응용된 말들에 대해서까지도 관심을 갖는다.

그리고 일반적인 것에서 구체적인 것으로 옮겨 질문과 대답, 원인과 결과를 캐냈다. 서로 비슷한 비유, 즉 직유와 은유 등 상반된 것들에 대하여 주목하였다.

그리하여 전체적인 면에서 차트를 만들어 사건이 일어난 영역과 관련된 인물, 일을 일으킨 사람들의 방법과 그 결과, 그리고 거기서 사용한 비유에 나타난 믿음의 상태 등을 차례로 비교 관찰한다.

다음 단계에서는 해석문제를 생각해 보아야 한다. 본문을 완전하게 더욱 분명하게 이해하기 위해서는 여러 가지 주석서들을 참고하여야 하기 때문이다.

그래서 우선 저자가 생각했던대로 생각해보고 느꼈던대로 느끼고 그가 결정했던대로 결정해 보아야 한다. 그러나 해석의 장벽에도 여러 가지가 있다.

① 언어의 장벽이 있고
② 문화적 장벽이 있으며
③ 의사소통의 장벽이 있기 때문에 취급에 신중을 기해야

⑥ 연기(緣起) : 인연의 도리를 설명한 것
⑦ 비유(譬喩) : 비유로써 은밀한 진리를 표현한 것
⑧ 본사(本事) : 부처님이나 제자들의 전생담
⑨ 본생(本生) : 부처님의 전생 보살행 이야기
⑩ 방광(方廣) : 바르고 참된 진리
⑪ 미증유(未曾有) : 일찍이 보고 듣지 못한 것
⑫ 우바데사(論議) : 논문

이 그것이다. 이 가운데서 방광, 수기, 무문자설의 3부를 뺀 것이 9부이다.

이렇게 문법적 구조와 문학적 연구를 통해 목적을 파악하여 내용을 소화시키되 부분과 전체를 접속시키면서 읽으면 그 가운데서 시간적 공간적 역사와 철학을 이해하게 될 것이다. 그리하면 하나 하나의 단락 속에 주격이 분명히 드러나 세계와 우주 인생의 이치가 손바닥 위의 구슬처럼 나타난다. 제목은 어찌하여 그렇게 지어졌고 부제는 어찌하여 그렇게 붙이게 되었으며, 서문과 머리말, 추천사, 발문이 쓰여지게 된 동기까지도 확실하게 이해하면 그 책이 창작된 이후 발전한 과정까지도 이해하게 될 것이다.

그런데 옛사람들은 그렇게 공부하면서도 효과적인 관찰을 위해 다음 여섯 가지에 주목하였다.

① 강조되고 있는 것
② 반복되고 있는 것
③ 연관지어진 것
④ 서로 비슷한 것과 상반된 것

⑤ 실생활에 도움되는 것
⑥ 전체의 그림을 한 눈에 보고 정리하는 것이다.

다섯 손가락으로 숫자를 하나하나 세어가며 낱낱이 공부하다가 마지막 여섯 번째에 이르러 그 실마리를 거머쥔 것처럼 그 문장에서 강조된 것을 주목한다.

또 반복되는 용어·구절·인물·사건·상황·유행·기타 다른 곳에 응용된 말들에 대해서까지도 관심을 갖는다.

그리고 일반적인 것에서 구체적인 것으로 옮겨 질문과 대답, 원인과 결과를 캐냈다. 서로 비슷한 비유, 즉 직유와 은유 등 상반된 것들에 대하여 주목하였다.

그리하여 전체적인 면에서 차트를 만들어 사건이 일어난 영역과 관련된 인물, 일을 일으킨 사람들의 방법과 그 결과, 그리고 거기서 사용한 비유에 나타난 믿음의 상태 등을 차례로 비교 관찰한다.

다음 단계에서는 해석문제를 생각해 보아야 한다. 본문을 완전하게 더욱 분명하게 이해하기 위해서는 여러 가지 주석서들을 참고하여야 하기 때문이다.

그래서 우선 저자가 생각했던대로 생각해보고 느꼈던대로 느끼고 그가 결정했던대로 결정해 보아야 한다. 그러나 해석의 장벽에도 여러 가지가 있다.

① 언어의 장벽이 있고
② 문화적 장벽이 있으며
③ 의사소통의 장벽이 있기 때문에 취급에 신중을 기해야

⑥ 연기(緣起) : 인연의 도리를 설명한 것
⑦ 비유(譬喩) : 비유로써 은밀한 진리를 표현한 것
⑧ 본사(本事) : 부처님이나 제자들의 전생담
⑨ 본생(本生) : 부처님의 전생 보살행 이야기
⑩ 방광(方廣) : 바르고 참된 진리
⑪ 미증유(未曾有) : 일찍이 보고 듣지 못한 것
⑫ 우바데사(論議) : 논문

이 그것이다. 이 가운데서 방광, 수기, 무문자설의 3부를 뺀 것이 9부이다.

이렇게 문법적 구조와 문학적 연구를 통해 목적을 파악하여 내용을 소화시키되 부분과 전체를 접속시키면서 읽으면 그 가운데서 시간적 공간적 역사와 철학을 이해하게 될 것이다. 그리하면 하나 하나의 단락 속에 주격이 분명히 드러나 세계와 우주 인생의 이치가 손바닥 위의 구슬처럼 나타난다. 제목은 어찌하여 그렇게 지어졌고 부제는 어찌하여 그렇게 붙이게 되었으며, 서문과 머리말, 추천사, 발문이 쓰여지게 된 동기까지도 확실하게 이해하면 그 책이 창작된 이후 발전한 과정까지도 이해하게 될 것이다.

그런데 옛사람들은 그렇게 공부하면서도 효과적인 관찰을 위해 다음 여섯 가지에 주목하였다.

① 강조되고 있는 것
② 반복되고 있는 것
③ 연관지어진 것
④ 서로 비슷한 것과 상반된 것

⑤ 실생활에 도움되는 것
⑥ 전체의 그림을 한 눈에 보고 정리하는 것이다.

다섯 손가락으로 숫자를 하나하나 세어가며 낱낱이 공부하다가 마지막 여섯 번째에 이르러 그 실마리를 거머쥔 것처럼 그 문장에서 강조된 것을 주목한다.

또 반복되는 용어·구절·인물·사건·상황·유행·기타 다른 곳에 응용된 말들에 대해서까지도 관심을 갖는다.

그리고 일반적인 것에서 구체적인 것으로 옮겨 질문과 대답, 원인과 결과를 캐냈다. 서로 비슷한 비유, 즉 직유와 은유 등 상반된 것들에 대하여 주목하였다.

그리하여 전체적인 면에서 차트를 만들어 사건이 일어난 영역과 관련된 인물, 일을 일으킨 사람들의 방법과 그 결과, 그리고 거기서 사용한 비유에 나타난 믿음의 상태 등을 차례로 비교 관찰한다.

다음 단계에서는 해석문제를 생각해 보아야 한다. 본문을 완전하게 더욱 분명하게 이해하기 위해서는 여러 가지 주석서들을 참고하여야 하기 때문이다.

그래서 우선 저자가 생각했던대로 생각해보고 느꼈던대로 느끼고 그가 결정했던대로 결정해 보아야 한다. 그러나 해석의 장벽에도 여러 가지가 있다.

① 언어의 장벽이 있고
② 문화적 장벽이 있으며
③ 의사소통의 장벽이 있기 때문에 취급에 신중을 기해야

한다.
예를 들면 불교에서 말하는 "나무"는 인도말 "나마스게"로 중국 사람들은 "南無" "南談" "南模"로 음사하고 "귀의" "지" "본래의 자신에게 돌아가는 것"이라 번역해 놓았기 때문이다.

옛사람들은 해석상 피해야할 문제들을 다음 여섯 가지로 구분하여 설명하고 있다.
① 본문을 틀리게 하는 것
② 성전을 왜곡한 것
③ 본문에 모순되게 한 것
④ 주관적인 것
⑤ 상대적인 것
⑥ 지나친 자신감

여기서도 한가지 예를 들어보면 불교의 "반야"는 인도말 "프라주나"로써 "班若" "波若" "般若"라 음역하고 "지혜" "밝음"으 번역하였는데 이 빛은 해와 달처럼 떴다 지는 것이 아니고 안팎으로 구애 없으며, 상하, 전후, 좌우에 모두 통하는 것이므로 번역하지 않고 원음을 그대로 쓴 것이다. 해가 아무리 밝아도 밤은 비출 수 없고, 달이 아무리 밝아도 낮을 비치지 못한다. 또 해와 달이 천하의 명(明) 가운데서는 가장 밝은 것이지만 방안을 비치지 못하므로 등불이 필요한 것이다.

그러나 그들 등불이나 해와 달이 천하를 비치고 안팎을 비친다 하더라도 본인들은 그것을 알지 못하고 있다. 그러면 누가 아는가. 우리의 마음이 안다. 마음은 모양이 없으나 안팎,

내외를 다 비치고 그 비치는 것까지 알고 있으므로 "반야"라 한다 하였다. 이렇게 언어학적으로든지 수사학적으로든지 오해 없이 잘 이해를 하려면 반드시 훌륭한 선생을 찾아 배워야 한다.

또 여기서 한 가지 더 깊이 이해할 것은 그 글이 어떤 중류의 문학적 양식을 가지고 있는가 하는데도 관심을 가졌다.
① 강론
② 이야기와 전기
③ 비유
④ 시
⑤ 잠언과 지혜문학
⑥ 예언과 투시

이미 불교에서는 12부경에 대하여 말씀드렸지만, 그 가운데서도 그 주석서를 쓴 사람이 그 성전을 보기 전 어떤 부류의 문학양식을 공부해 왔는가도 살펴볼 필요가 있다. 같은 문장도 자신의 전공에 따라 달리 이해할 수 있기 때문이다.

일반적으로 해석학에 있어서는
첫째, 내용과 의미를 밝히고
둘째, 맥락을 바로 이해하고
셋째, 성전과 성전을 서로 비교해 보고
넷째, 문화적 배경과 영향을 살피고
다섯째, 여러 가지 참고 자료를 통해 더 많은 자료를 끄집어 낼 수 있도록 하며
여섯째, 주요 용어들을 바르게 이해하고

일곱째, 적절한 비유를 사용하였다.
같은 비유에 있어서도
① 달리 요구하지 아니한 때는 비유를 쓰지 않고 그대로 말(문자)을 썼으며
② 본문이 요구할 때만 비유를 선택하였다.
③ 문자적 해석이 불가능하거나 어색한 점이 있을 때 비유를 쓰고
④ 문자적 해석이 부도덕할 때 비유를 썼고
⑤ 사용된 표현이 비유적이면 당연히 비유를 쓰고
⑥ 문자적 해석이 본문에 충돌할 염려가 있으면 비유를 쓰고
⑦ 문자적 해석이 책 전체와 충돌할 염려가 있으면 비유를 써서 해석하고
⑧ 문자적 해석이 저자의 의도와 목적에 충돌될 때 비유를 쓰고
⑨ 문자적 해석이 다른 성전과 충돌할 염려가 있을 때도 비유를 썼고
⑩ 문자적 해석이 성전이 가르치는 내용과 충돌할 염려가 있을 때 비유를 썼다.

여덟째는 이렇게 해서 해석된 모든 것을 종합 정리하여 본문을 해석하였다.

그러나 "성스러운 공부"는 모든 글의 해석에서 그쳐서는 안된다. 모든 성전은 이해되는 것을 목적으로 하여 써진 것이 아니고 그것이 행동으로 옮겨질 때 열매를 거둘 것을 예견하고 썼기 때문이다.

3. 실천적인 방법

자 그러면 그 실천적 방법에 필요한 사안들을 생각해 보기로 하겠다.

실로 모든 성전을 공부하는 사람은

첫째, 나의 삶에 어떤 도움이 되며 어떤 도움을 주고 있는가를 살펴보아야 한다. 아무리 좋은 것도 잘못 쓰면 위험에 봉착할 염려가 있기 때문이다.

① 성전 해석만으로 인생을 대치하려는 경우
② 겉으로만 순종하면서 참된 삶을 외면하는 경우
③ 성전을 자기 합리화 자료로 삼는 경우
④ 감정적인 경험으로 의지적 결단을 어지럽히는 경우

사람들은 나이가 들면 들수록 모든 것을 자기합리화로 이해하는 경우가 있고, 일시적인 감정의 자극으로 삶의 변화는 일어나지 않으면서 거짓 신앙을 발표하는 경우가 있다. 그러므로 성전의 진실한 삶을 실천하고자 하는 사람은 누구나 먼저 본문을 올바로 이해하고 다음에 자신을 분명하게 알 필요가 있다.

자기가 아는데로 자신의 장점과 단점을 먼저 깨달아야 된다. 이것이 분명해지면 다음은 자신의 경험과 연결시켜보면 거기서 여러 성현들의 삶과 내 삶의 차이점이 무엇인가를 새삼스럽게 발견하게 될 것이다. 그렇게 되면 진리와 나, 성현들과 나와의 친밀한 관계가 형성될 것이다.

다음 제3단계에서는 깊이 생각(묵상)해보고 제4단계를 실천에 옮기면 된다. 따라서 모든 성전의 공부는 진리를 실천하는데 목적이 있고 사탄을 물리치는데 의미가 있다는 것을 알게 될 것이다. 다시 말하면 모든 성현들의 말씀을 통하여 내 생활이 풍요와 기쁨으로 변하고 사탄으로부터 해방되어 대자유를 얻게 될 것이다.

이것이 "거룩한 공부"가 우리의 삶을 변화시키는 방법이다. 그런데 그것을 적용하는데 있어서도 몇 가지 주의해야할 점이 있다.

첫째는 원리에 입각한 삶이다. 고전적인 성서들을 현대사회에 적용해보려면 까마득한 원시생활이라 현대적 문화환경에 맞지 않은 경우가 많다. 그렇다고 이것을 매도하거나 폐기시켜서는 안된다. 맥락이 끊어지지 않도록 알맞는 해석을 찾아내야 한다. 말하자면 현대사회의 우상이 되는 권력과 매스컴, 성·종교·예술·영화·연극과 성서와의 관계를 서로 연관지어 생각해보고 나의 삶이

① 전체적 종교적 삶에 조화를 이루고 있는가
② 원리적 삶이 실생활에 있어서 어떤 문제점을 제기하고 있는가
③ 있다면 그것을 어떻게 대처해 나갈 것인가

하는 문제들을 연구하여야 한다. 이렇게 하여 연구가 끝나면 이제 배를 띄워도 좋다.
① 삶의 변화를 결심하고
② 계획을 세워
③ 행동을 옮겨간다

모든 것은 첫걸음이 중요하듯 "성스러운 공부"도 마찬가지다. 그러나 아직도 연습 단계라 생각이 잘 풀어지지 않는다면 다음 몇 가지를 더 깊이 생각해 보라.
① 그동안 설계한 계획과 반복된 행동에 부족한 점이 없었는지 점검해 보고
② 제3자로 하여금 자기를 점검해보도록 한다.
③ 이렇게 하여 계획이 진행되는 가운데서도 이러한 문제를 더욱 깊이 검토해볼 필요가 있다.

아직은 나는 힘이 부족하여 먼 산을 바라보고 기어가는 어린아이와 같기 때문이다. 진실로 사람의 삶을 변화시키는 방법에는 개인과 단체 양면에서 훈련할 필요가 있다.

첫째, 개인적으로 공부를 지속하면서 내가 나를 스스로 점검해 본다.
① 나는 정말로 성스러운 공부를 필요로 하고 있는가
② 얼마나 성스러운 공부를 소중히 여기고 있는가
③ 우선 순위와 계획들을 써놓은 대로 실천하고 있는가
④ 지속적인 훈련으로 어떤 열매의 맛을 보고 있는가

이러한 것들을 기록하여 자타가 함께 점검할 필요가 있다.

둘째는 그룹을 형성하여 공부하는 방법이다. 사람은 감정적

인 동물이라 혼자만으로는 살아갈 수 없다. 따라서 그룹활동은 여러 가지 면에서 동기를 부여하는 경우가 많다. 6~7명이 서로 그룹을 짜서 기쁨을 나눌 때 거기서 얻어지는 효과는 혼자 공부할 때와는 비교가 안될 경우가 있다. 그러나 이런 모임을 갖는 사람들이 먹는 것이나 노는 것 또는 기타 다른 취미에 빠지게 되면 진리 공부는 실패로 돌아간다. 그러므로 그룹활동을 하는 사람들은 처음 모임의 동기를 항상 깊이 생각하면서 서로 격려하며 용맹 정진하여야 한다.

셋째는 자기가 공부하고 있는 내용을 다른 사람들과 함께 나누어 가진다. 진리를 사용하면 절대로 상실되지 않는다. 주위에 있는 사람들에게 개인이건 단체이건 시간을 투자할 수 있는데로 찾아가 가르치고 배우면 그는 능히 그 생활 속에서 "성스러운 공부"를 완성할 것이다.

4. 믿음을 위한 경구들

(1) 사도신경

전능하사 천지를 만드신
하나님 아버지를 내가 믿사오며,
그 외아들 우리 주 예수그리스도를 믿사오니,

이는 성령으로 잉태하사
동정녀 마리아에게 나시고,
'본디오 빌라도'에게 고난을 받으사,
십자가에 못박혀 죽으시고,
장사한 지 사흘만에 죽은 자 가운데서
다시 살아나시며, 하늘에 오르사,
전능하신 하나님 우편에 앉아 계시다가,
저리로서 산 자와 죽은 자를 심판하러 오시리라,
성령을 믿사오며,
거룩한 공회와, 성도가 서로 교통하는 것과,
죄를 사하여 주시는 것과,
몸이 다시 사는 것과,
영원히 사는 것을 믿사옵니다. 아멘.

(2) 주기도문

하늘에 계신 우리 아버지여,
이름이 거룩히 여김을 받으시오며,
나라에 임하옵시며
뜻이 하늘에서 이룬 것같이
땅에서도 이루어지이다.
오늘날 우리에게 일용할 양식을 주옵시고
우리가 우리에게

죄 지은 자를 사하여 준 것같이
우리 죄를 사하여 주옵시고,
우리를 시험에 들게 하지 마옵시고,
다만 악에서 구하옵소서.
대개 나라와 권세와 영광이
아버지께 영원히 있사옵나이다. 아멘. (마 6:9-13)

(3) 수심결

믿음은 도의 근원이고 공덕의 어머니다.
온갖 선근을 길러내고
흐린 물을 맑히는 구슬이다.

어떤 사람은 하늘과 사람으로 하여금
인과를 믿게 하나니
복락을 좋아하는 사람은 십선을 인으로 하고
인천의 복락을 과로 믿으며
어떤 사람은 비고 고요한 마음을 좋아하여
생멸을 인으로 하는 까닭에
괴로움을 없애고 열반을 얻는 것으로 과를 삼는다.
그런데 어떤 사람은 부처가 되기를 좋아하여
오랜 세월 6바라밀을 닦아 인을 만들고
보리와 열반으로써 과를 삼는다.

그러나 모두 이것은 하염이 있는 인과이다.
그러므로 어떤 이는
하염이 있는 인과를 믿지 않고
다만 자기가 부처인 것을 깨달아
천진한 자성이 사람마다 갖추어져 있음을 믿음으로써
남에게서 믿음을 구하지 않고
스스로 원만한 깨달음을 이룬다.
무명실성(無明實性)이 곧 불성(佛性)이고
환화공신(幻化空身)이 곧 법성(法性)이기 때문이다.

(4) 학문 십훈

옥은 쪼지 아니하면 그릇이 되지 않고
사람은 배우지 아니하면 일을 이루지 못한다.
나를 꺾지 아니하면 배울 수 없다.
스승을 선택하지 아니하면 법을 받을 수 없다.
외워 익히지 아니하면 기억할 수 없다.
쓰지 아니하면 전할 수 없다.
서로 배우지 아니하면 말할 줄 모른다.
널리 보지 아니하면 전거를 낼 수 없다.
일을 겪지 아니하면 아는 것이 없다.
삼학(계・정・혜)을 배우지 아니하면
깨달음을 이룰 수 없다.

마음을 관하지 아니하면 도를 통할 수 없다.

기독교의 진리관과 불교의 진리관

　무엇을 믿고 어떻게 살아야 할 것인가 하는 문제는 종교 교육에 앞서 먼저 생각해 보아야 할 중요한 과제이다. 왜냐하면 모든 종교는 그의 진리를 통하여 세상을 구하고 자신을 구원하기 때문이다. 기독교의 원리는 "하나님"이고 불교의 원리는 "마음"이다. 이 원리는 같으면서도 다르고, 다르면서도 같은 점이 있다.
　그러나 그것은 하나님이 아니고 부처님이 아니고서는 함부로 말할 수 없다. 그렇지만 사바세계 중생들은 음성의 교향 속에서 살고 있으므로 불가피하게 말이 아니고서는 그를 깨닫게 할 수 없으므로 부득이 말을 빌려 이를 증명하고 있는 것이다.
　하나님 말씀은 성서 속에서 찾아야 하고 불교의 마음 또한 부처님과 조사님들의 깨달음 속에서 증명해야 하므로 불가피 성서와 불경을 의지하여 이 글을 작성하였다.

1. 기독교의 진리관

　기독교를 연구하는 최상의 방식은 성경의 진술들을 주의 깊게 조사하고 그것들로부터 합리적으로 추론하는 것이라고 할 수 있다. 성경이 하나님의 속성을 묘사하는 방식은 관념적이 아니라 오히려 실제적인 문제이다. 하나님이 어떤 분이신가 하는 것과 하나님이 하시는 일, 즉 그의 속성들과 그의 행위들 사이에는 중대한 연계성이 있다. 하나님의 속성들은 종종 그의 행동들 속에서 계시되고, 따라서 그가 행하는 일은 그가 어떤 분인가에 대한 단서가 된다.
　우리는 하나님은 이러한 분이라고 성경이 말하고 있는 것과 일치되게 우리 행동을 다스림으로써 하나님께 대한 올바른 관계를 맺을 수 있다. 하나님의 속성을 분류하는 문제는 오랫동안 신학자들의 주목을 끌어왔다. 몇 가지 분류법이 제출되었는데 가장 통상적인 분류는 비공유적 속성과 공유적 속성으로 구분하는 것이다. 전자는 피조물에 유사한 것이 전혀 없는 것들이며, 후자는 인간 영혼의 특성들이 어떤 유사점을 가지는 것들이다. 따라서 이 분류 방법으로 하나님의 속성을 살펴보기로 한다.

(1) 비유공유적 속성

하나님은 자충족하시므로 어떤 필연적인 관계로 존재하시지 않는 무한자 이시며, 동시에 그의 창조물 전체와 그의 피조물들과 더불어 자유롭게 여러 관계들을 맺으실 수 있다. 비공유적 속성들은 하나님의 절대 실유를 강조하지만, 공유적 속성들은 그가 자기의 피조물들과 더불어 여러 관계들을 맺으신다는 사실에 강조점을 둔다.

1) 자존성과 무한성

자존성이란 하나님이 개관적인 어떤 것에 의해서 존재하지 않고 하나님 스스로 존재하는 것을 말한다. 하나님의 자존성에 대한 개념은 일반적으로 자기 창시(self-originated)를 의미하는 자존성(aseitas)이란 용어로 표현되었지만, 개혁파 신학자들은 '독립성'(independentia)이란 말로 대용(代用)하여 하나님은 그의 실유에서 독립적일 뿐만 아니라 그 밖의 다른 모든 점(그의 덕, 작정, 사역 등)에서 독립적이심을 나타내려고 하였다. 하나님의 이 속성(자존성)은 일반적으로 인정되며 이방 종교나 철학의 절대자 가운데 내포되어 있다.

2) 하나님의 불변성

하나님의 무한성은 그의 자존성의 필연적인 부수 물이다.

그 하나님의 완전성에 의하여 그는 그의 실유에서 뿐만 아니라 그의 완전성과 목적, 약속들에서 전혀 변경이 없으시다. 이 속서의 효능으로 하나님은 모든 생성(生成 ; becoming)보다 초월하시며, 그의 실유와 완전성에서 증가와 감소 성장과 쇠퇴에서 자유하신다. 그의 지식과 계획, 도덕적 원리, 의지는 영원히 동일하시다.

이성(理性)도 하나님 안에 변화가 있을 수 없다는 사실을 우리에게 가르쳐 준다. 그러나 절대 완전자로서의 하나님에게는 개선(改善)이나 퇴보가 아울러 불가능하다. 하나님의 영원성은 성경에 분명히 명시되었다(출 3:14, 시 102:26-28), 사 41:4, 48:12, 말 3:6, 롬 1:23, 히 1:11, 12, 약 1:17). 하나님은 그의 신적 존재와 자신의 완전성에 있어서 영원히 동일하시며 자신의 목적과 약속에 있어서도 언제나 동일하신 분이시다.

3) 무한성과 유일성

하나님의 무한성은 제한이 전혀 없으신 하나님의 완전성이다. 이 속성은 하나님이 결코 우주나 이 시공적(時空的 ; space-time)인 세계에 의해 제한을 받으시거나 우주에 국한되지 않으신다는 것을 함의한다. 이 속성은 존재하는 만물의 총화(總和)와 하나님을 동일시하는 것을 함의하지도 않으며, 그가 관계를 맺으신 파생되거나 유한한 일들의 공동 존재를 배제하지도 않는다.

하나님의 무한성은 외연적(外延的)이라기보다는 내포적(內包的)인 것으로 생각되어야만 하며, 마치 하나님의 전 우주에 편만하여 한 부분은 이곳에 다른 부분은 저곳에 있는 것처럼 무제한한 외연(外延 ; extension)으로 혼동되어서는 안된다. 무한성은 하나님에 의해서만 완전히 이해될 하나님의 실재이다. 하나님의 본질과 모든 피조물에게 속하는 본질 사이에는 큰 간격이 있다. 하나님의 엄위로 하나님께서는 피조물의 수준으로 하나님을 낮추실 수 있다. 초월적이시지만 그는 모든 피조물 안에 내재할 수 있다. 자신을 보존하시면서도 하나님을 주실 수 있고, 절대적으로 하나님의 불변성을 주장하시면서도 피조물들과 다양한 관계를 유지하실 수 있으신 것이다.

① 절대 완전성(absolute perfection)
무한한 능력은 절대량(絶對量 ; an absolute quantum)이 아니라 능력의 무궁무진한 잠재력(an exhaustless potency)이며, 또한 무한한 거룩은 거룩의 무한량(無限量 ; a boundless quantum)이 아니라 질적으로 제한이나 결함이 전혀 없는 거룩이다.

② 영원성(eternity)
하나님의 영원성이란 실제로 시간을 초월하고 그것과 본질적으로 다른 바를 통속적이고도 상징적인 방식으로 나타내는 것일 뿐이다. 엄밀한 의미에서 영원성은 모든 시간적 제한들을 초월하는 것에 귀속된다. 그의 영원성은 하나님께서 모든

시간적인 제한들과 모든 순간들의 연속보다 높여지시거나 그의 존재 전부를 한 분할(分割)할 수 없는 현재에 소유하시는 그의 완전성으로 정의될 수 있다.

③ **무량성**(immensity)
하나님께서 모든 공간적인 제한들을 초월하시면서도 그의 실유 전체로 공간의 각 부분에 임재하시는 신적 실유의 완전성이라고 할 수 있다. 그는 공간의 어느 부분에서 떠나 계시지 않으시며, 또한 다른 부분보다 한 부분에 더 임재하시지도 않는다. "무량성"은 하나님이 모든 공간을 초월하시며 그것의 제한을 받지 않으신다는 사실을 가리키지만, "편재성"은 하나님이 그의 전 실유로 공간의 매 부분을 채우신다는 사실을 가리킨다. 전자는 하나님의 초월성을, 후자는 그의 내재성을 강조한다. 하나님은 그의 모든 피조물들, 즉 그의 모든 창조물에 내재하시지만 결코 그것들에 의해 제한되지는 않으신다.

(2) 하나님의 유일성

단수성(單數成 ; unitas singularitatis)과 단순성(單純成 ; unitas simplicitatis)으로 구분할 수 있다.

1) 단수성(unitas singularitatis)

이 속성은 하나님의 단일성(單一性 ; oneness)과 유일성(唯一性 ; unicity), 즉 그는 수적(數的)으로 하나이시다. 그 점에서 독특하심을 아울러 강조한다. 이 속성은 당연히 오직 한 분만이 존재하실 수 있으며, 다른 모든 실유들은 그에게서 나오고(of), 그를 통하여(through), 그에게로(unto) 돌아간다는 것을 함의한다. 하나님은 모든 점에서 하나이시다. 그는 그가 가지신 모든 것이시다. 그는 그 자신의 지혜, 그 자신의 삶이시며, 삶과 존재가 그에게 있어 하나이다.

2) 단순성(unitas simplicitatis)

하나님의 단순성에 대해 말할 때는 단순한 상태나 품질, 즉 분할 될 수 없으므로 복합할 수 없는 상태를 묘사하는 용어를 사용한다. 이것은 하나님이 용어의 어떤 의미로도 복합하거나 분할할 수 없음을 나타낸다. 이 속성의 요의는, 하나님의 삼위는 신적 본질을 구성하는 여러 부분이 아니며 하나님의 본질과 안전성은 구분되어 있는 것이 아니며 속성은 그의 본질에 첨가된 것이 아니라는 것이다.

하나님의 단순성은 모든 피조물적 온전성을 가장 온전하고 신적인 방식으로 하나님께 돌려드린 결과이다. 하나님을 '가장 단순한 본질'이라고 묘사함으로써 우리는 그를 온전한 본질이라고 지칭하는 것이다.

(3) 공유적 속성

하나님의 공유적 속성(the communicable attributes)은 그의 인격적인 본성을 강조한다. 하나님의 언어의 최고 의미에서 의식적, 지성적, 자주적(free), 도덕적 실유로서 두드러지신 것은 공유적 속성들에서이다.

1) 영성과 지성

하나님의 정의에 가장 접근한 표현은 그리스도께서 사마리아 여인에게 "하나님은 영이시라"(요4:24)고 말씀하신 것에서 찾아 볼 수 있다. 하나님의 영성(靈性 ; spirituality)은 세상과는 구별된 실체적인 실유(a Substantial Being)를 가지고 계시다는 사실과, 또한 이 실체적인 실유는 비물질적(immaterial), 불가시적(invisivle)이며, 합성이나 부연(敷衍 ; extension)이 없으시다는 사실을 강조하고 있다.

하나님의 영성은 성령의 완전 개념에 속한 모든 필수적 본질들이 하나님에게서 발견된다는 사상과 또한 그는 자의식적(self-donscious)이며 자기 결정적(self-determining) 실유라는 사상을 함의하고 있다. 하나님은 최고 절대와 최고 순수한 어의(語義)에 있어서 영이시므로 그 안에서 부분들이 조성이 없으시다.

① 하나님의 영성의 성격

하나님은 영적인 존재로서 '영' 또는 '영혼'이라고 불리는 모든 것들의 원천이기도 하시다. 그러므로 하나님의 영성은 소극적으로는 그가 비물질적이고 보이지 않는다는 것을 의미하고, 적극적으로 그가 모든 피조적 본질의 숨기워진 절대적 근거라는 것을 의미하는 것이다.

② 하나님의 불가시성

하나님의 영성은 그의 불가시성을 함의한다. 하나님은 영이시므로 감각으로는 지각할 수 없고, 만일 우리가 하나님 뵈옴(a vision of God)을 말함에 있어서 옳다고 인정받으려면, 이것은 영의 눈으로 하나님을 봄을 가리키는 것이어야 한다고 생각하였다.

하나님 뵈옴은 그의 본질에 관한 뵈옴이 아니다. 하나님에 대한 모든 뵈옴은 하나님의 자신의 낮추심, 그것을 수단으로 하여 하나님께서 우리의 수준에로 내려오시고, 하나님을 우리에게 알리시는 계시를 전제로 한다.

2) 지성적 속성들

① 하나님의 지식

하나님의 지식을 정의하면, 하나님께서 전혀 독특한 형식으로 그 자신과 또한 가능적이고 현실적인 모든 사물들을 한 영원하고 가장 단순한 행위로 아시는 그의 완전성들이라고 할 수 있다. 예를 들어 삼상 2:3, 욥 12:13, 시 94:9, 147:4, 이 29:15, 40:27 등이 있다.

㉠ 그 성질

그의 지식은 우리의 지식 글과 같이 외부로부터 얻어지는 것은 아니다. 그것은 절대적 완전을 특징으로 하는 지식이다. 이와 같이 하나님의 지식은 논증적이거나 추론적이라기 보다는 직관적(intuitive)이다. 하나님의 지식은 본유적(innate), 직접적이며 관찰이나 추리(reasoning)의 과정에서 비롯되지는 않는다. 그의 지식은 완전하시므로 동시적이며, 연속적은 아니다. 하나님의 지식은 완전하시며, 충분히 의식적이다.

㉡ 그 지식의 범위

하나님의 지식은 방식에서나 그 총관(inclusiveness)에서 완전하시며, 또한 그 지식이 전 포괄적(all-comprehensive)이기 때문에 전지성(全知性 ; omniscience)이라고 불린다. 하나님은 그 자신을 아시며 또한 그 자신 안에서 그에게서 나오는 모든 일들을 아신다. 하나님은 만물들을 과거와 현재, 미래에 실제적으로 일어나는대로 아시며 또한 그것들을 그 참된 관계들에서 아신다 그는 사람의 지식이 꿰뚫어 볼 수 없는 사물들의 숨겨진 본질을 아신다. 그는 생명의 외적 현상만을 관찰하는 사람이 보는 것과 같이 보시지는 않으며, 오히려 사람의 마음의 깊은 곳까지 꿰뚫어 보신다.

더욱이 그는 실제적인 것과 같이 가능적인 것을 아신다. 어떤 상황하에서 일어나려는 모든 사물들은 하나님의 마음에 임재하고 있다. 그는 지식에서 완전하시며(욥 37:16), 외모가 아닌 마음을 살피시며(삼상 16:7, 대상 28:9,17, 시 139:1-4, 렘 17:10), 사람의 길들을 관찰하시며(신 2:7, 욥 23:10, 24:23, 31:4, 시 1:6, 119:168), 그들이 거주하는 곳(시 33:13)과 그들의 생명의 날들(시 37:18)을 아신다.

② 하나님의 지혜

하나님의 지혜는 그의 지식의 한 특별한 국면으로 간주될 수 있다. 분명히 지식과 지혜는 동일하지 않으나 서로 밀접하게 연관되어 있다. 지식은 연구에 의해 획득되지만 지혜는 사물들에 대한 직관적인 통찰에서 비롯된다. 지식과 지혜는 둘 다 사람 안에서는 불완전하나, 하나님 안에서 절대적 완전의 특징이 있다. 하나님의 지혜는 수단을 목적에 적용시키는데 나타난 그의 지성이다.

하나님의 지혜는 하나님께서 언제나 가능한 최선의 목적을 추구하시고 그의 목적을 실현하시기 위하여 최선의 수단을 선택하시는 사실을 지적한다. 이 하나님의 지혜는 특별히 창조(시 19:1-7, 104:1-34)와 섭리(시 33:10, 11), 그리고 구속(롬 11:33, 고전 2:7, 엡 3:10)에서 보여진다.

③ 진정성과 도덕성

하나님의 진정성이나 진리를 하나님께서 신격의 개념에 대해 충분히 응답하시고 그의 계시에 있어서 완전히 신뢰할 만

하시며, 또한 사물들을 그 실상대로 아시는 그의 실유의 완전성이라고 정의할 수 있다. 이 완전성 때문에 하나님은 도덕이나 종교의 영역에서뿐만 아니라 과학적인 탐구의 각 분야에서도 진리의 근원이 되시는 것이다.

이 신적 완전성의 또 다른 국면이 있는데, 이것은 매우 중요한 것으로 언제나 간주된다. 그것은 일반적으로 하나님의 신실성(faithfulness)으로 불리는데, 이 속성으로 말미암아 하나님은 언제나 그의 언약을 기억하시며 그의 백성들과 맺은 모든 약속들을 성취하신다.

하나님의 신실성은 그의 백성들을 절망으로부터 구원하며, 그들의 실패에도 불구하고 그들로 하여금 꾸준히 수행해 나갈 용기를 주며, 그들이 하나님의 모든 축복을 상실했다는 사실을 깊이 깨닫게 될 때라도 그들의 마음을 즐거운 기대로 채워 준다(민 23:19, 신 7:9, 시 89:33, 사49:7, 고전 1:9, 딤후 2:13, 히 6:17, 18, 10:23).

3) 도덕적 속성들

하나님의 도덕적 속성들은 일반적으로 가장 영광스러운 신적 완전성으로 간주된다.

① 하나님의 선(goodness)

이 속성은 일반적으로 그들의 대상에 따라 구별되는, 여러 다양성을 내포하는 포괄적(generic)인 개념으로 취급된다. 하나님은 그 자신이 선하시므로 그의 피조물들에게도 선하시며, 따라서 모든 선의 근원(fons omnium bonorum)으로 불리워질 수 있다. 그는 모든 선의 근원이시며 성경에서 여러 방식으로 표현되고 있다.

㉠ 일반 피조물들을 향한 하나님의 선(goodness)

하나님의 선은 하나님으로 하여금 그의 모든 피조물들을 관대하고 친절하게 취급하시도록 고무시키는 그의 완전성이라고 정의될 수 있다. 그것은 창조주가 감각 있는 피조물들을 향해 그렇게 느끼는 애정이다(시 36:6, 104:21, 마 5:45, 6:26, 눅 6:35, 행 14:17).

㉡ 하나님의 사랑

하나님의 사랑은 대개 하나님의 선과 구별하여 하나님께서 자기 전달에로 영원히 움직여지는 그의 완전성이라고 정의될 수 있다. 하나님은 절대적으로 그 자신이 선하시므로, 그의 사랑은 절대적 완전에 이르지 못하는 여하한 대상에서도 그 완전한 만족을 발견할 수 없다. 그는 그 자신으로 인하여 그의 이성적인 피조물들을 사랑하신다.

하나님은 피조물에 대한 그의 관계와 행위에 있어서만 사랑일 뿐만 아니라 그의 존재 자체에 있어서 사랑이다. 그리스도 안에 계시되는 하나님의 사랑은 어떤 외적인 요인에 의하여 강요된 사랑이 아니라 하나님의 자발적인 사랑이다. 피조물에 대한 하나님의 사랑은 하나님 자신의 자유로운 행위이며, 이 행위에 있어서 하나님은 철저히 자유로운 주체로 존속한다. 그것은 하나님 자신으로 말미암은 것이오 하나님 자신에게 근거되어 있고 하나님 자신을 통하여 규정되어 있다.

하나님은 창조 역사를 계속하시면서 능동적으로 인간을 사랑하시고 인간의 삶의 기초와 원동력이 되시고 모든 증오와 약속과 분열과 싸움을 없게 해 주시고 그 대신 그의 사랑을 온 인류와 역사를 지배하시는 능력으로 만들어 주신다는 것이다.

ⓒ 하나님의 은혜

일반적으로 은혜는 그것을 요구할 권리를 가지고 있지 않는 사람에게 값없이 주어지는 친절이다. 이것은 특별히 언급되어진 은혜가 하나님의 은혜인 경우이다. 사람에게 대한 하나님의 사랑은 언제나 받을 자격이 없는 사람에게 값없이 주어지며 죄인들에게 나타날 때는 상실되기도 한다.

성경은 일반적으로 이 말을 사랑을 상실했거나 또는 본래부터 정죄의 선고 아래 있는 자들에게 대한 하나님의 공로 없이 베푸시는 선 또는 사랑을 나타내는데 사용하고 있다. 하나님의 은혜는 죄인들에게 주어지는 모든 영적 축복들의 근원이다 (엡 1:6, 7, 2:7-9, 딛 2:11 3:4-7, 사 26:10, 렘 16:13).

ⓓ 하나님의 자비

하나님의 자비는 자기 백성들을 향한 하나님의 동적이고 사랑하시는 연민의 마음이다. 당연한 보응을 기대할 수 없는 비참이나 고통 중에 처해 있는 자들에게 보여진 하나님의 선이나 사랑이라고 할 수 있다. 하나님께서는 그의 자비 가운데서 그 자신을 동정하시는 하나님, 즉 비참한 처지에 있는 자들을 동정하여 그들의 고통을 덜어 주시려는 하나님으로 계시하신다.

하나님의 다정하신 자비는 거의 모든 피조물에게 임하여(시 145:9), 그를 경외하지 않는 자들에게도 그것들에 참여하게 한다(겔 18:23, 22. 33:11, 죽 6:35-36). 성경에서 이 말에 대해 사용된 그 밖의 용어들로는 "불쌍히 여김(pity),", "자비(compassion)", "인자(kindness)"가 있다.

ⓜ 하나님의 오래 참으심(long suffering)

하나님의 오래 참으심은 그의 위대하신 선 또는 사랑의 또 다른 국면이다. 이것은 하나님께서 오래 계속되는 강퍅한 자와 사악한 자의 불순종에도 불구하고 그들에게 대해 참으시는 하나님의 선 또는 사랑이다. 하나님의 오래 참으심은 마땅히 받아야 할 심판이 연기되는데 나타난다(출 34:6, 시 86:15, 롬 2:4, 9:22, 벧전 3:20, 벧후 3:15).

② 하나님의 거룩성

"거룩한"이란 히브리 단어는 "구별된" 혹은 "일반적이고, 혼하게 사용되는 것으로부터 거두어들인" 것을 의미한다. 이것이

유래된 동사는 "자른다" 혹은 "분리한다"는 것을 암시한다.

　㉠ 거룩의 성질

　하나님의 거룩은 그의 탁월한 속성들 중의 하나이며, 종종 그의 중심적이고도 최상의 완전으로 언급된다. 거룩은 실재로 사랑이나 은혜, 자비 등과 같은 다른 속성들과 대등하게 될 수 있는 도덕적인 속성이 아니라, 오히려 하나님께 서술될 수 있는 모든 것과 같은 범위 내에 있고, 또는 그것에 적용될 수 있는 어떤 것이다.

　하나님은 그의 공이나 진노에서와 마찬가지로 그의 선과 은혜에 있어서 거룩하시다. 하나님은 그의 거룩하심 때문에 죄와 더불어 어떠한 교제도 가질 수 없다. 이 의미로 사용된 "거룩"이라는 말은 하나님의 위엄적 순결(majestic purity)이나 또는 윤리적 위엄(ethical majesty)을 가지고 있다. 하나님의 윤리적인 거룩을 정의한다면 하나님께서 영원히 자기자신의 도덕적 우월성을 의도하시고 유지하시며, 죄를 미워하시며, 도덕적 피조물들에게서 순결을 요구하시는 그의 완전성이라고 할 수 있다.

　㉡ 거룩의 현현

　하나님의 거룩은 사람의 마음에 심겨지고 양심을 통하여 말하는 도덕적 법칙에서 계시되며, 또한 보다 특별하게 하나님의 특별 계시에서 계시된다. 이것은 이스라엘에게 주어진 율법에서 두드러지게 나타나 있다. 하나님의 거룩은 거의 율법의 준수를 보상하였고, 무서운 심판으로써 범법자들을 엄습하셨던 방식에서 제시되었다. 하나님의 거룩의 최고 계시는 "거룩하시고 의로우신 자"(행 3:14)로 불린 예수그리스도 안에서 주어졌다. 하나님의 거룩은 역시 그리스도의 지체인 교회에서 계시된다.

ⓒ 의로운 하나님과 주권적 하나님
이 속성은 하나님의 거룩과 밀접하게 연관되어 있다. 하나님의 거룩이 피조물과의 관계에서 나타나게 될 때 갖게 되는 특성이 곧 하나님의 의라고 할 수 있다. 맨 먼저 하나님의 정직하신 공의(the rectoral justice)가 있다. 이 공의는 하나님께서 선과 악의 지배자로 나타내시는 정직(retitude)이다. 하나님의 정직하신 공의(the rectoral justice)는 분배 적인 공의(the distributive justice)와 밀접하게 연관되어 있다. 이 용어는 통상적으로 율법 수행에 있어서 하나님은 정직하시다는 사실을 나타내는데 이바지하며, 또한 보상과 형벌의 분배와 연관되어 있다(사 3:10-11, 롬 2:6, 벧전 1:17). 하나님의 분배 적인 공의는 둘로 나눌 수 있다.

ⓐ 보상적인 공의
보상적인 공의는 그 자체를 사람들과 천사들에 대해 보상을 분배해 주는데서 나타낸다(신7:9, 12, 13, 대하 6:15, 시 58:11, 미 7:20, 마 25:21, 34, 롬 2:7, 히 11:26). 이 공의는 공로가 아닌 약속과 계약에 기초하여 관대함을 베푸는

신적 사랑의 표현이다(눅 17:10, 고전 4:7).

ⓑ 보복적인 공의

보복적인 공의는 형벌들의 부과와 연관되어 있다. 이 공의는 신적 진노의 표현이다. 사람은 그가 받고 있는 상급에 대해 그것을 받을 만한 아무런 공로가 없지만, 그에게 미치는 형벌은 마땅히 받을 만 하다는 사실이다. 죄를 형벌하는 본래의 목적은 의(right)와 공의(justice)를 유지시키는 것이다.

(4) 주권적 속성

하나님의 주권(主權 ; sovereignty)은 성경에서 매우 강조되고 있다. 그는 창조주로, 또한 그의 뜻은 만물들의 원인으로 표시되고 있다.

1) 하나님의 주권적 의지

하나님에게 적용된 "의지"라는 말은 언제나 성경에서 동일한 내포(內包 ; connoation)를 가지지 않는다. 이 말이 나타내는 바는, 사랑이나 거룩 등과 같은 속성들을 포함하는 하나님의 모든 도덕적 본성, 자아 결정(self-determination)의 기능, 즉 자신의 행동 방향을 결정하거나 계획을 세우는 능력, 이 행동의 소산물, 즉 미리 결정된 계획이나 목적 계획을 수행하거나 이 목적을 실현시키는 능력, 이성적인 피조물들을 위해 제정된 생의 규칙이다.

하나님의 의지를 정의한다면 하나님이 가장 단순한 행동으로 지고선(至高善)인 그 자신에게로 나아가시며, 또한 자신의 이름으로 인하여 자신의 피조물들에게로 나아가시며, 그리하여 그들의 실유와 계속적 존재의 근거가 되는 그의 실유의 완전성이라고 할 수 있다.

① 작정적 의지와 교훈적 의지

작정적 의지는 하나님이 직접적으로나 이성적 피조물을 통하여서나 간에 앞으로 일어날 모든 것을 계획하시는 의지이며, 교훈적 의지는 그의 도덕적 피조물들을 위하여 제정하신 생활 규범이다. 전자는 반드시 성취되나 후자는 그렇지 않다는 점에서 구별된다.

② 자위적 의지와 편위적 의지

자위적 의지는 하나님이 스스로 행하시려는 의지이고, 사위적 의지는 피조물로 하여금 무엇을 행하게 하기를 기뻐하시는 의지이다.

③ 은밀한 의지와 계시된 의지

은밀한 의지는 하나님 안에 감추어진 작정의 의지를 말하며, 계시된 의지는 율법과 복음에서 계시된 교훈의 의지를 말한다. 은밀한 의지는 하나님께서 직접 효과를 나타내시던가 혹은 피조물의 활동을 허락하심으로 그 결과를 낳게 하시던가 그 전체에 관련되어 있으므로 그 의지는 반드시 이루어진다.

④ 필연적 의지와 자유적 의지

필연적 의지는 하나님의 자기 자신을 향한 의지를 말한다. 하나님 자신은 필연적 의지의 대상으로서 그의 거룩한 성질, 신격 안에 삼위의 구별 등을 의지하신다. 이 의지는 하나님이 본질상 하나님 되게 하는 의지이므로 필연적 의지라고 부른다. 자유적 의지는 창조물을 향하신 의지를 말한다. 모든 피조물을 창조하는 것과 그 존재의 때, 장소, 상태 등은 전혀 하나님의 자유롭고 기쁘신 뜻을 따라 결정된다.

2) 하나님의 주권적 능력

하나님의 주권은 신적 의지에서만 아니라 하나님의 전능성, 또는 그의 의지를 수행하는 능력에서 표현된다. 하나님 안에 있는 능력은 그의 성품의 효과적 정력(effective energy) 또는 하나님이 절대적이고 최고의 원인이 되시는 그의 실유의 완전성이라고 불려질 수 있다. 통상적으로 하나님의 절대적 능력(potentia Dei absoluta)과 하나님의 질서적 능력(potentia Dei ordinata)은 구별한다.

절대적 능력이란 하나님께서 그가 행하시려고 의도하시지는 않지만 능히 행해질 수 있는 것을 행하시는 능력이다. 질서적 능력이란 하나님께서 그가 하시기로 작정하신 것, 즉 그가 수행되도록 정하시거나 명하신 것을 행하시는 능력이다.

질서적 능력(potential ordinate)을 정의한다면, 하나님께서 그의 의지의 단순한 수행을 통하여 그의 뜻이나 계획에 있는 것은 무엇이든지 실현시킬 수 있는 그의 완전성이라고 할 수 있다. 하나님의 능력은 그의 영원한 작정에 포함된 것에 대해서만 실제적으로 수행된다. 하나님의 능력의 실제적인 수행은 그것의 제한들을 나타내지는 않는다. 하나님은 그가 하시려고 의도하시기만 한다면 그보다 더 많이 하실 수 있다.

주권적 능력이란 하나님이 이루고자 의지하신 것은 무엇이든지 다 실현하실 수 있는 힘이라고 할 수 있다. 그러므로 하나님의 주권적 능력은 다른 말로 "전능"(omnipotence)라고 불리워진다. 그러나 전능이란 말을 하나님이 무슨 일이든지 하실 수 있다는 의미로 해석하여서는 안된다. 왜냐하면 하나님은 거짓말 등 범죄 하는 일이나 자신의 존재를 부정하시는 일은 할 수 없기 때문이다.

하나님의 속성을 연구함에 있어 비공유적 속성과 공유적 속성으로 구분하였다. 비공유적 속성은 자존성, 불변성, 무한성, 유일성 등은 피조물에게는 어떤 상응하는 부분도 없는 유일한 특성들이며, 공유적 속성은 능력, 선, 자비, 의 등과 같이 인간 영혼의 특성들이 어떤 유사점을 가지는 것들로서, 영성, 지성, 도덕적 속성, 주권적 특성들이다.

하나님의 도덕성은 또한 신적인 완전함으로 간주되지만 그의 거룩의 계시는 예수그리스도 안에 주어졌다. 하나님은 자신 안에 존재하시는 대로의 하나님, 절대적 실유로서의 하나님으로 완전성을 유지하시고 계시며, 그러나 그의 피조물과의 관계를 가지고 계시는 하나님, 인격적인 하나님으로 완전하신 분이시다.

하나님의 무한성은 그의 자율성의 필연적인 부수물이며 제한이 없으신 하나님의 완전성이다. 그의 지식은 완전하시며 진지성이라 불리운다. 진실성은 그의 백성을 절망으로부터 구원하신다.

(5) 불교와 신학

불교에도 신학이 있다. 그러나 그 신학은 처음부터 불교에서 창조한 것이 아니고 전통적인 인도의 신관을 불교에서 섭입한 것이다.

그러나 이 신학은 인도인의 신학이나 기독교적 사고와는 달리 불교에서는 심리적 변화에 따라 이해한 것이다. 예를 들면 제석천왕과 같은 사고방식을 가지면 제석천에 가서 태어나고, 범천과 같은 생활습관을 읽히면 범천에 태어나되, 만일 그 마음이 범천과 제석천과 같다면 구태여 거기까지 가지 않고 그 자리에 있으면서도 제석천과 범천과 같은 생활을 할 수 있다고 보는 것이 불교의 신관이다.

하여간 인도 사람들은 처음부터 이 세상 모든 것을 신으로 보았다. 하늘 신은 다우스피탈이라 하고 창공 신은 바루나, 태양신은 비트라, 수리야, 사비트리, 변만, 길상 무한의 신을 비쉬누, 시바, 아디티, 아디티의 아들 아디티야, 부의 신 바가,

세계의 신 익사, 인간의 신 마누, 지옥의 신 야마, 새벽의 신 우샤스, 우뢰의 신 인드라, 술의 신 소마, 폭풍의 신 마루트스, 불의 신 아그마, 기도주 브라마, 악의 신 아수라, 흡혈귀 나찰—그 외에도 소신, 말신, 뱀신, 올빼미신, 숲신, 용신에 이르기까지 만 가지 신을 믿고 있다.

천당도 욕심이 있는 욕계천과 색심에서 이루어진 색계천, 순수정신에 의하여 이루어진 무색계천이 있는데 거기에는 무수한 천신들이 살고 있다고 보고 있다.

그래서 불멸 후 600년경 태어난 용수보살은 이들 모든 신들을 상·중·하 3단으로 나누어 화엄신중으로 구성하였다.

상계 욕색제천중
중계 팔부사왕중
하계 호법선신중

그리고 이들 모든 신들은 철학적인 면에서 인식론적인 입장에서 해설하였다. 자세한 것은 화엄경 중해운편에 나오니 참고하시기 바란다.

또 인도 사람들은 신도 남자 신 여자 신이 있어 남자 신인 자재천신과 여자 신인 시바신이 한데 어울려 한바퀴 돌면 천지가 생기고, 두 바퀴 돌면 궁창이 생기고, 세 바퀴 돌면 산과 물이 생기고, 네 바퀴 돌면 사람이 생겨 전 5일 동안 생겨났던 모든 것을 사람이 지배하고 살게 되었다고 말하고 있다.

그래서 이들은 기독교와 이슬람처럼 유일신을 말하지 않고 다신교(多神敎)를 믿고 있으며, 또 그 두 신 사이에서 나타난 이 세상 모든 것들은 모두 신의 속성을 가지고 있으므로 모든 것이 다 신이라 믿고 있다. 말하자면 하늘은 천신이고 땅은 지신이며 산은 산신이고 물은 물신, 비는 우신, 허공은 허공신, 우뢰는 뇌신이라 하여 신 아닌 것이 없으니 이것이 장차는 범신론(汎神論)이 된 것이다. 이 세상 모든 것은 제정신을 가지고 있기 때문이다.

뿐만 아니라 신이 인간과 다른 점은 영명한 신통력을 가지고 과거, 현재, 미래를 보고 동·서·남·북에서 일어나는 사건들을 훤히 알고 있으며, 사람들에게 복과 지혜를 부여하고 있는 점인데 가족을 거느리고 세상을 살아가는 이치는 별로 다를 것이 없다고 본다.

그래서 이들 신들도 부모 자식간의 혈연이 있어 때가 되면 모든 권한을 자식에게 물려준다고 보기 때문에 여기서 나온 것이 예수님은 2천년만 다스리고 다시 태어나 또 다른 예수에게 그 권한을 위임하고 석가모니부처님은 3천년만 다스리고 다음 미륵불이 오면 그의 교화를 미륵에게 전수한다 하였다. 이것이 저 유명한 교차신론(交叉神論)이고 메시아 사상이다.

그런데 불교에서는 여호아는 이스라엘 사람들의 생각에 의해서 만들어졌고 알라는 팔레스타인 사람들에 의해서 이루어졌으며, 옥황상제는 중국 사람들의 생각에 의하여 만들어졌다고 본다.

예를 들면 같은 태양인데 영국 사람들은 "썬"이라 부르는데 중국 사람들은 "태양" 일본 사람들은 "다이오" 한국 사람들은

"해"라 부르는 것과 같다. 해는 일찍부터 내가 "해다" "태양이다" "다이오다" "썬이다"라고 말한 적이 없다. 오직 사람들이 그것을 보고 생각과 환경에 따라 그렇게 이름을 지었기 때문이다.
그래서 불교에서는 모든 것을 마음 하나로 보고 일체유심조(一切唯心造) 만법유식(萬法唯識)이라 부르고 있는 것이다.

2. 불교의 진리관

(1) 마음의 진리

불교는 창조주인 신을 믿지 않는다. 그렇다고 신을 부정하는 것은 아니다. 창조주도 결국 창조심에 의하여 탄생되었다고 믿고 있기 때문이다.
그러나 부처님은 지극히 형이상학적인 문제는 답변을 회피하였다.
"이 세상은 끝이 있습니까 없습니까?"
"깨달으면 알리라."
"어떻게 깨달으면 압니까?"
"꿈을 꾸고 꿈을 깬 뒤에 꿈속의 일들을 다른 사람들에게 물어보면 알리라."

"세상이 있습니까?"
"그대는 해와 달을 보느냐."
"네 봅니다."
"이 세상 것이냐 다른 세상 것이냐?"
"다른 세상 것입니다."
"그렇다면 더 이상 말할 필요가 없다."
 불교의 진리는 마음이다. 그러나 그 마음도 모양이 없기 때문에 있다고 할 수도 없고 없다고도 할 수도 없다. 그래서 함허 득통선사는 그의 금강경 서문에서 다음과 같이 노래하였다.

여기 한 물건 있으니
이름과 모양 없으되
고금(古今)에 관통하고
한 티끌 속에 있으면서도
온 세계에 두루한다.
안으로 온갖 덕 갈무리고
밖으로 뭇 중생 따라
하늘과 땅 사람의 주인이 되고
만법의 왕이 된다.
탕탕(蕩蕩)하여 그에 비길 것 없고
외외(魏魏)하여 그에 짝할 이 없다.

싱그럽지 아니한가

부앙(府仰)의 사이 밝고 밝고
보고 들음에 은은하다
그윽하지 아니한가.
하늘 땅 보다 먼저 하여 그 비롯함이 없고
하늘 땅 보다 뒤에 하여 그 끝이 없다.
비었다(空)고 할까
있다(有) 할까
나는 그 까닭을 알 수 없다.

         ＜금강경 오가해 함허시＞

(2) 마음의 여러 가지 이름

마음을 진심이라고도 부르는데
허망하지 않고 신령스럽게 밝게 빛나는 까닭이다.
어떤 곳에서는 심지(心地)라 하였는데
온갖 선을 내기 때문이고
어떤 곳에서는 보리(菩提)라 불렀는데
깨달음의 본체가 되기 때문이다.
어떤 곳에서는 법계(法界)라 불렀는데
서로 사무치고 융통하여 포섭하기 때문이고
어떤 곳에서는 여래(如來)라 불렀는데
온 곳이 없기 때문이고
어떤 곳에서는 열반(涅槃)이라 불렀는데

모든 성인들이 돌아갈 곳이기 때문이고
어떤 곳에서는 여여(如如)라 불렀는데
진실하고 항상 되어 변치 않기 때문이고
어떤 곳에서는 법신(法身)이라 불렀는데
보신과 화신의 의지처가 되기 때문이고
어떤 곳에서는 진여(眞如)라 불렀는데
생멸이 없기 때문이고
어떤 곳에서는 불성(佛性)이라 불렀는데
3신의 본체가 되기 때문이고
어떤 곳에서는 총지(摠持)라 불렀는데
온갖 공덕을 흘러 내기 때문이고
어떤 곳에서는 여래장(如來藏)이라 불렀는데
숨겨 덮고 포섭하기 때문이고
어떤 곳에서는 원각(圓覺)이라 불렀는데
어두움을 부수고 비추기 때문이다.
또 어떤 곳에서는 자기(自己)라 불렀는데
중생의 불성이 되기 때문이고
어떤 곳에서는 정안(正眼)이라 불렀는데
온갖 모양을 바로 보기 때문이고
어떤 곳에서는 묘심(妙心)이라 불렀는데
비고 신령스러우며 고요하게 비추기 때문이고
어떤 곳에서는 주인공(主人公)이라 불렀는데
종래의 짐을 지고 있기 때문이고
어떤 곳에서는 밑 없는 발우(無底鉢)라 불렀는데

곳곳마다 생활하기 때문이고
어떤 곳에서는 줄 없는 거문고라 불렀는데
금시 소리가 나기 때문이고
어떤 곳에서는 무진등(無盡燈)이라 불렀는데
어두운 마음을 비추기 때문이고
어떤 곳에서는 무근수(無根樹)라 불렀는데
꼭지가 견고하기 때문이고
어떤 곳에서는 취모검(吹毛劍)이라 불렀는데
감관이 대상을 끊기 때문이고
어떤 곳에서는 무위국(無爲國)라 불렀는데
바다가 고요하고 강이 맑기 때문이고
어떤 곳에서는 모니주(牟尼珠)라 불렀는데
가난을 구제하기 때문이고
어떤 곳에서는 무수쇠(無鑐鎖)라 불렀는데
눈·귀·코·혀·몸·뜻을 묶그기 때문이다.
　또 어떤 곳에서는 진흙소(泥牛), 나무말(木馬), 마음의 근원(心原), 심인(心印), 심경(心鏡), 심월(心月), 심주(心珠)라 불렀다.
　그러면 왜 이렇게 하나의 마음에 많은 이름이 나타났는가. 그것은 인연 따라 나타낸 것을 각기 달리 이름을 불렀기 때문이다.
　그러므로 만일 "참마음"을 밝게 아는 사람은 모든 이름을 다 알 수 있고 참마음에 어두운 사람은 온갖 이름에 장애를 일으킨다. 그러면 그 본체와 작용은 어떠한가.

(3) 마음의 본체와 작용

마음은 형상이 없으므로 생멸하는 모양이 없다. 그러나 이 것은 사람이나 짐승이나 유정무정 모든 것들이 다 가지고 있기 때문에 온갖 것에 차별이 없고, 과거에 난 것도 아니고 미래에 사라질 것도 아니다. 따라서 항상 있어 본래부터 스스로 일체 공덕을 갖추고 있다.

이로써보면 마음은 인과를 뛰어 넘어 있고 고금을 통해 있으며, 범부와 성현에 구별이 없고 상대가 없다는 것을 알 수 있다. 마치 허공이 뭇 세계에 가득 차 있는 것처럼 그 묘한 본체는 고요하여 온갖 희론이 묻어나지도 않고 없어지지도 않으며, 있는 것도 아니고 없는 것도 아니며 움직이지도 않고 흔들리지도 않아 고요히 항상 머무른다.

그러므로 옛 사람들은 "주인공"이라 부르고 "위음나반(威音那畔)"이라고도 불렀으며, "공겁(空劫) 이전의 자기"라고도 하여 "하느님" "하나님"이라 부르기도 한 것이다.

한결같이 공평하고 비어서 털끝만한 티의 가리움도 없고 모든 샘과 강 땅과 초목, 나는 새 기는 짐승 이 모두가 이로부터 나왔다. 그러므로 원각경에 "위없는 법왕 큰다라니가 있으니 일체의 청정한 진여와 보리, 열반, 바라밀이 이로부터 흘러나온다" 하였고, 규봉스님은 "마음은 깊고 비고 묘하고 순수하여 신령스럽게 빛나 가지도 않고 나지도 않아 3세에 다 통한다" 하고 "가운데도 아니고 갓도 아니어서 시방에 두루 사무치고 나지도 않고 없어지지도 않는데 어떻게 4상이 해치겠는가" 하였다. 또 "상(相)도 떠나고 성(性)도 떠나 온갖 색으로써는 판단할 수 없다" 하였다.

그러므로 마음은 모든 것의 왕이 되고 모든 성현이 귀의하여 모든 성현의 어머니가 되는 것을 알 수 있다. 어찌 홀로 높고 귀하지 아니한가. 견줄데가 없으니 진실로 대도의 근원이 되고 참법의 골수가 된다.

3세의 모든 보살이 공부한 것도 다 이 마음을 깨닫기 위한 공부였고 3세 모든 부처님들께서 깨달으신 것도 결국 이 마음을 깨달은 것이니 8만대장경이 어찌 다른 것이겠는가. 모두가 이 마음의 체와 상과 용을 근기 따라 설명한 것이다. 사람들이 이 마음에 미(迷)한 까닭에 중생이라 부르고 모든 조사가 서로 전한 까닭에 심인(心印)이라 한 것이다.

석가여래가 가섭존자에게 전한 것도 바로 이 마음이고 달마대사가 소림에서 혜가대사에게 보인 것도 바로 이 마음이다. 역대 조사와 천하 납자(衲子)가 이 한 법을 따라 참구하고 전한 것이니, 이것을 모르는 사람은 하늘도 모르고 땅도 모르고 천하에서 일어나는 모든 일과 이치를 알 수가 없다.

그러므로 가는 곳마다 박하게 되고 뒤집어지고 엎어진다. 반대로 이 마음을 깨달으면 일마다 다 통하고 물건마다 밝아져서 모르는 것이 없게 된다.

그러나 이 마음은 말로 다 할 수 없기 때문에 수보리 존자는 바위 밑에서 말을 잊고 유마거사는 베살리성에서 입을 벽에 걸어 놓았던 것이다.

그러면 그 작용은 어떠한가.
옛 사람이 말하기를 "바람이 일면 나뭇가지가 흔들리고, 구름이 생기면 비가 인다" 하였다. 참 마음은 본래 움직이지 않아 편안하고 고요하며 진실하고 항상하다. 그러나 그 가운데서 작용이 일어나면 마치 물에서 파도가 일어나듯 아무런 장애가 없다. 마음은 경계를 따라 흘러가지만 흘러가는 곳은 진실로 자기도 알기 어렵기 때문이다. 그러므로 평상시 밥먹고 옷입고 잠자고 일어나 걸어 다니는 것이 모두가 그 작용의 일부다.

옛날 이견왕(異見王)이 바라제 존자에게 물었다.
"임금님께서는 견성(見性)하였습니까?"
"견성하였습니다."
"그러면 그 성품이 어디 있습니까?"
"지금 이렇게 작용 있습니다."
"저에게도 있습니까?"
"있습니다."
"어떻게 작용하고 있는지 가르쳐 주십시오."
"어머니 뱃속에 있을 때는 신(神)이라 하고 태어나서는 사람이라 하고 눈에 있을 때는 보고 귀에 있을 때는 듣고 코에 있을 때는 맡고 혀에 있을 때는 맛보고 몸에 있을 때는 촉각하고, 손에 있을 때는 잡고, 발에 있을 때는 움직이는데 두루 나타나면 온 세계에 두루하고, 거두어들이면 티끌 속에도 들어

갑니다. 이것을 깨달으면 불성이라 하고 모르면 영혼이라 신이라 부릅니다."

그래서 도오스님은 홀(笏)을 들고 춤추고 석공스님은 활을 당겼으며, 비마스님은 집게를 들고 구지스님은 손가락 하나를 든 것이다. 그러므로 그 모양으로 보면 하나가 아니고 성(性)으로 보면 다른 것이 아니다.

이와 같이 묘한 본체는 움직이지 않는 것으로써 온갖 상대를 뛰어나고 일체의 상을 떠났으므로 성을 밝게 깨달은 사람이 아니면 그 이치를 헤아리지 못할 것이다. 또 묘한 작용은 인연을 따르는 것으로써 온갖 사물을 따라 여러 가지 모습이 나타나지만 상이 있는 것과 상이 없는 것이 하나가 아니다.

또 작용은 본체에서 생기는 것이므로 작용이 본체를 떠나지 않고 본체는 작용을 내는 것이므로 본체가 작용을 떠나지 않는다. 이로써 보면 본체와 작용이 서로 다른 것이 아니다. 마치 물이 파도와 거품을 일으키나 젖는 것은 다르지 않는 것 같다. 물결 밖에 따로 물이 없고 물밖에 따로 물결이 없기 때문이다. 그래서 본체와 작용은 같으면서도 다르다는 것이다.

(4) 크게 밝고 원만한 깨달음의 마음

위와 같이 마음은 바탕이 크고 모양이 크고 작용이 위대하다. 바탕이 크므로 천지를 다 올려놓고 시방세계를 총괄, 그 원융함이 시간과 공간을 초월해 있는 것이고, 모양이 크기 때문에 갠디스강의 모래알 숫자와 같은 공덕을 다 갖추고, 작용이 크기 때문에 범부와 성현, 깨끗하고 더러운 것이 그 속에서 다 나타나는 것이다.

바른 것으로 말하면 온갖 삿된 것과 그른 것을 등지고 가던지 오던지 온갖 허물과 그름이 끊어져서 물밖에 초연하고 단상(斷常)의 구렁을 벗어나 의리에 편안히 안주하고 온갖 시비가 끊어졌으므로 능소(能所)가 다 그쳐 있다. 여기에 어찌 사견이 있을 수 있겠는가. 그러므로 "일체 모든 허망한 경쟁을 여의고 보고 살피면 저절로 닦고 읽혀져서 깨달음의 성품을 따르게 된다" 하고 "깨달음 속에는 능소가 없고 마침내는 깨달은 자와 깨달은 것이 없다" 한 것이다.

이러한 원리를 알고 멀리 마음의 병을 여읜다면 널리 만행을 닦아 모든 장애를 없애므로 자리(自利)를 얻고 그 자리를 만물에 흘러내어 세상을 복되게 함으로써 이타(利他)를 얻으며, 널리 중생을 복되게 하면 자리이타에 원만한 행이 이루어져서 끊어도 끊을 것이 없고 지어도 지을 것이 없고 교화해도 교화했다는 생각이 없어서 가지고 범하고 열고 가리고 가고 오는데 걸림이 없게 될 것이다.

이것을 깨달음이라 한다. 스스로 의혹을 끊고 덕을 이루어 깨달음의 온갖 장애를 초월함으로써 자각(自覺)했다 하고 영리하고 미련하고 중간 사람까지도 걸림 없이 교화하여 원각에 돌아가게 하니 그것이 타각이 된다. 이치가 지극하면 정을 잃어 성범(聖凡)이 하나가 된다. 본래 깨달아 있는 마음이나 새로 닦아 얻은 마음이나 그 자체는 털끝만큼도 차이가 없으므로 시각(始覺)과 본각(本覺)이 마침내 구경각(究竟覺)에 이르게 된다.

이것을 불교에서는 아누타라삼막삼보리(Anuttara-samyak-sambodhi) 무상정변정각(無上正徧正覺), 즉 위없는 최고의 깨달음이라 하는 것이다.

그러나 깊고 깊은 진리는 말로써 다 설명하기 어렵다. 원래 말이란 말이 없는데서 나왔기 때문이다. 말 한마디가 사람의 목숨을 죽이고 살린다. 애초에 말이 없었다면 이 세상의 생사가 나타나지 않았을 것이다. 그러나 그 한마디 때문에 자각과 각타, 자리와 이타, 생사와 열반, 번뇌와 보리가 모두 한타래 실에서 나타난 것이니 지극히 조심하여야 할 것이다.

그러므로 옛사람이 "나에게 한 권의 경이 있으니 종이와 먹으로 이루어진 것이 아니다. 한 글자도 전개하지 않으나 항상 광명을 놓고 있다" 한 것이다.

어찌 말을 많이 하여 생각의 번뇌를 일으킬 수 있겠는가. 그러므로 이제 문수의 지혜와 보현의 행을 모두 접고 바로 결론으로 들어가려 한다. 다만 중요한 것은 깨달음이니 찬송과 기도만 가지고는 아니 된다는 것을 알아야 할 것이다.

(5) 만물일체

마음은 이와 같이 사람과 물질에 다 갖추어져 있어 사람에게 있는 것을 인성(人性)이라 하고, 신에게 있는 것을 신성(神性)이라 부르며, 만물에 있는 것을 법성(法性)이라 한다. 그런데 어리석은 사람은 허망한 생각으로 사물의 참된 성품을 보지 못하고 겉에 나타난 모양만 따라 있다 없다 말한다.

 마음은 마치 맑은 마니보주와 같아 색깔이 없다. 그렇기 때문에 붉은 옷을 입은 사람이 앞에 나타나면 붉게 보이고, 검은 옷을 입은 사람이 앞에 나타나면 검게 보인다. 마음에는 원래 청·황·적·백·흑이 없지만, 나타난 사람을 따라 5정색이 나타나기도 하고 그 밖의 온갖 빛깔이 나타나게 되는 것이다. 그러나 그 사람이 떠나고 나면 마니보주는 본래 색 그대로이다. 이것은 마치 물에 간장을 타면 간장물이 되고 설탕을 타면 설탕물이 되는 것과 같다.

 이것을 깨달은 사람을 각(覺)이라 하고 이것을 깨닫지 못한 사람을 미망이라 하며 번뇌에 싸여 있으므로 여래장(如來藏)이라 부른다. 백옥이 진흙 속에 파묻혀 있으면서도 천만년 동안 변하지 않는 것같이 광산의 금이 용광로에 들어가 진금이 된 뒤 비녀도 되고 가락지도 되고 목걸이도 되듯 금은 언제나 그 금으로 변함이 없는 것 같이 생사와 열반이 둘이 아닌 것이다. 허망한 생각만 없어지면 그대로 깨달음이 나타난다.

 그러므로 원각경에 "허망한 몸(幻身)이 사라지면 허망한 마음도 사라지고 허망한 마음이 사라지면 빛·소리·냄새·맛·감촉·사상 등 온갖 번뇌가 사라진다. 그러나 허망한 생각이 없어졌다는 생각까지 없어지고 나면 허망하지 않는 것은 없어지지 않나니 마치 거울에 때가 없어지면 밝은 빛이 나는 것 같고 허공에 구름이 없어지면 맑은 하늘이 끝까지 터져 있는 것과 같다.

뜨겁기는 불과 같고 차갑기는 어름보다도 더한 것이 마음이다. 머리를 들고 숙이는 사이 온갖 것을 보고 온갖 소리를 듣되 천하만물이 그 속에서 났다 꺼지는 것을 누가 알 것인가. 그러므로 어떤 스님은 땅을 쳤고 운암스님은 자재를 얻었던 것이다. 가만히 있을 때는 깊고 고요하고, 움직일 때는 하늘 끝까지 멀리 가는 것, 이것이 마음이고 마음의 성품이다.

만약 사람이 마음 없는 경계에 들어가면 누구나 그 마음을 알 수 없다. 그러나 헤아리면 벌써 10만8천리, 하늘과 땅의 격이 생기나니 살펴보라. 마음과 경계가 다 없어지면 안팎이 둘 아닌 것을 알 것이다. 본체 속에서 작용이 일어나고 작용 속에 본체가 나타나기 때문이다.

3. 잠언과 열반경의 말씀

(1) 잠언의 말씀 인도의 역사

이스라엘 역사를 보면 세 가지 방법으로
하늘의 소식을 지상에 전하였음을 알 수 있다.
제사장은 율법을 알리고
선지자들은 말씀을 전하고
지혜 인들은 모략(조언)을 베풀었다.
따라서
제사장들은 성자를 중심으로 활동하였고
선지자들은 학교에서 제자들을 양성하였으며
장로와 지혜 인들은 지혜학교에서 제자들을 가르쳤다.

그런데
인도의 역사는
계급을 통하여 직업을 가르치고
논전을 통하여 시비를 가리고
고행으로 초월 법을 가르쳤다.

그러나 부처님은
이 몸을 진리의 성전으로 보고
이 마음을 부처로 보고
가정 불당에서

일체가 동체인 것을 깨닫게 하였으니
깨달음은 때와 장소가 따로 있는 것이 아니고
바로 사람들의 마음속에 있기 때문이다.

그러므로 법구경에
한 생각 어리석으면 범부이고
한 생각 깨달으면 성현이다.
그러므로 나쁜 짓 하지 말고
좋은 일 받들어 행하라 하였다.

어떻든 잠언은
지혜와 훈계를 알게 하고
명철의 말씀을 깨닫게 하고
지혜롭게 의롭게 공평하게 간직해서
범한 일에 대하여 훈계를 하여
어리석은 자들은 슬기롭게 하고
젊은 자에게 지식과 근신을 주고
지혜 있는 자는 듣고 학식이 더해지고
명철한 자는 복락을 얻게 한 것이다.

1) 악한 자들과 짝하지 말라

여호와를 경호하는 것이 지식의 근본인데
미련한 자는 지혜와 훈계를 멸시한다.

그러므로 내아들아
네 아비의 훈계를 들으며
네 어머니 법을 떠나지 말라
이는 네 마리의 아름다운 관이며
네 목숨의 금사슬이니라

네가 만일 나의 말을 받으며
나의 계명을 네게 간직하여
네 귀로 지혜에 기울이고
네 마음을 명철에 두며
지식을 불러 구하며
명철을 얻으려고 소리를 높여내니
은을 구하는 것 같이 그것을 구해
감추인 보배를 찾는 것 같이 그것을 찾으면
여호와를 깨닫고
하나님을 알게 되리라.

그러니
나의 법을 잊어버리지 말고
네 마음으로 내 명령을 지키라.
그리하면 그것이 너를 장수하여
복락을 누리게 하며 평강을 다하게 하리라.
인자와 진리를 네게서 떠나지 않게 하고
그것을 네 목숨에 매며 네 마음판에 새기라

그리하면 네가 하나님과 사람 앞에서
은총과 귀중히 여김을 받으리라.

네 손이 선을 베풀 힘이 있어도
마땅히 받은 자에게 베풀기를 아끼지 말며
네게 있거든 이웃에게 이르기를
갔다가 다시 오라. 내일 주겠노라 하지 말며
내 이웃이 네 곁에서 편안히 살거든
그를 모해하지 말며
사람이 너에게 악을 행하지 아니하거든
까닭 없이 더불어 다투지 말라.
포악한자를 부러워하지 말고
그 악덕 행위를 쫓지 말라
지혜로운 자는 영광을 기업으로 받거니와
미련한 자의 현달함은 욕이 되느니라.

(2) 열반경 이야기

참된 평화는 가고 옴에 있는 것이 아니라
깨달음에 있다.
세계와 인생이 하나의
티끌인 것을 깨닫고
온갖 생각이

허망한 것을 깨달으면
본래 파도와 거품 속에
물의 성품이 들어 있는 것을 알게 될 것이다.
무엇을 탓하고 원망하리오
세상만사가 마음하나에
달려 있는 것인데—.

그러므로 화엄경에
만일 삼세일체의 깨달음을
얻고자 한다면
마땅히 법계성을 관하라.
일체가 마음 하나에 달려있다
한 것이다.

(3) 공(空)과 무상

어떤 사람이 물었다.
"불교에서는 모든 것을 공으로 보는데 공이란 도대체 무엇입니까?"
"빈 마음속에 모든 것이 존재한다."
하고 다음과 같이 노래불렀다.

남쪽에서 왔다가 북쪽으로 갔다가

서쪽 동쪽으로 설치는 인생
돌아보니 뜬 목숨 모두가 공이로다.

하늘도 공하고 땅도 공하고
해도 공하고 달도 공하니
갔다 왔다, 왔다 갔다 어찌 있다고 할 수 있겠느냐.

밭도 공하고 논도 공하고
많고 적고 주인만 바뀐다.
금도 공하고 은도 공하니
죽은 뒤에는 손안에 쥐어 주어도 소용이 없다.

처도 공하고 자식도 공하니
황천노상에선 만나보지 못한다.
대장경 가운데 공은 색이고
반야경 가운데 색은 공이다.

아침에는 서쪽에서 설치다가
저녁에는 동쪽에서 설치는 인생
인생은 흡사 꽃 따는 벌과 같다.
백가지 꽃을 따 단꿀 만들어 놓았더니
자고 나니 빈 벌통 한 가지 공이로다.

깊은 밤 삼경의 북소리는 들었어도

몸을 뒤쳐 5경의 종소리는 듣지 못했네.
머리를 조아려서 자세하게 생각해보니
모두가 한 가지 꿈이로다.

이 세상 모든 것은
시간 속에 흘러간다.
모였다가 흩어졌다
흩어졌다 모였다
영원한 것이 없다.

그러나 그 모든 것이
시간 속에 존재하며
공간 속에 모였다 흩어졌다 하는
이치를 아는 것은
무상하지 않나니
만일 이것을 깨달으면
그 모든 고통을 여의고
적정열반에 들어
항상 즐겁고 자유롭고
깨끗한 삶을 누리리라.
<열반경>

(4) 뜬세상

처자권속이 대나무 숲과 같고
금은옥벽이 산같이 쌓였어도
죽을 때는 다 버리고 외로운 혼만 떠나게 되니
생각하면 모든 것이 뜨고 뜬세상이네.

아침마다 번거롭게 세상사가 그리 바쁘고
벼슬이 드높아도 인생 한번 늙어지면
금어(金魚)에 관계없이 염라대왕이 부르니
생각하면 모든 것이 뜨고 뜬세상이네.

눈으로 보아도 본 것 없으면
분별이 없고
귀로 들어도 소리 없으면
시비가 없다
분별시비 다 놓아버리면
단지 자신의 깨달은 마음에 귀의할 것이다.
          <부설거사>

불교는 불교가 아니므로 불교다.
보는 것을 깨닫고
듣는 것을 깨닫고
맡는 것을 깨닫고
맛보는 것을 깨닫고

부딪치는 것을 깨닫고
생각하는 것을 깨닫고
행·주·좌·와,
어·묵·동·정에
일체의 모든 것을 깨달아
깨달을래야 더 이상 깨달을 것 없는 경지에 이르면
이것이 불법인줄 알 것이다.

<금강경>

기독교와 불교와의 대화

1. 기독교적 사고

　한국에 기독교가 전래된 지 110여년 밖에 되지 않았다. 그러나 그 짧은 기간 동안에 기독교인 수가 1,200만 명이 탄생했다. 그러나 최근 몇 년 동안 그 숫자가 증가하지 않을 뿐만 아니라 문제는 증가 추세가 둔화되고 있다는 점이다. 그 이유는 여러 가지가 있겠으나 가장 큰 이유는 눈에 띄게 증가된 불교인들의 포교활동 때문일 것이다.
　그러므로 한국민족 복음화를 위해서는 불교인들에게 복음전도가 시급한 과제일 것이다. 그러나 아무런 전략도 없이 주먹구구식으로 그들에게 접근한다면 별 무소득일 것이다. 지피지기는 백전백승이라는 말도 있듯이 먼저 불교 기초교리에 대한 어느 정도의 이해가 필요할 것이다. 따라서 이 연구는 먼저 불교에 대한 기본 전제로써 삼법인, 사성제, 팔정도 등을 이해한다. 그런 다음 불교와 기독교의 상위점, 접촉점 등을 살펴보고, 이를 토대로 하여 대화를 중심으로 한 불교 전도전략을 세워보고자 한다.

(1) 불교의 이해를 돕기 위한 전제들

이천오백 년의 장구한 역사를 가진 불교가 세계적 종교로 나타난 것은 처음 이백년 동안에 있었던 일이다. 특히 정령숭배사상(Animism)이 퍼져 있었던 모든 지역에—힌두지역 만은 제외하고—불교가 왕성하게 퍼져나갔다. 지난 오백년 동안 불교는 그 세력확장이 거의 침체상태에 빠져 있었지만 최근 다시 불교 복구와 포교활동이 점차 확대되고 있다. 고타마 붓다가 인도에서 주전 6세기 경 그의 가르침을 처음 설파한 후 불교는 아시아의 많은 나라들 속에 뿌리를 내리게 되었다.

불교는 인간의 철학, 교육 그리고 가치관과 같은 세계관 정립에 크게 영향력을 발휘하여 사람들은 불교와 그들의 문화를 혼합시켰으며, 마침내 종교—문화를 형성하게 되었다. 따라서 개인적 신앙을 기초로 자기 결단과 선택에 의해 불교인이 되는 것이 아니고 집단 사회의 문화권 속에 속한 회중의 일원으로서 불교인이 되는 경우가 허다하였다.

이와 같은 불교—문화는 지식인 불교와 대중 불교로 구분하고, 또한 이상적인 것과 현실적인 문화로 갈라놓는다. 여기서 불교 문화가 갖고 있는 이상적 세계관을 개설해 보기로 하자.
① 기독교적 신개념의 결여(유일신 사상이 아니다).
② 인과응보 사상(因果應報 ; karma)과 윤회설.
③ 생과 역사를 선(線 ; Iinear)이 아닌 원(circular)으로 보는 입장.
④ 무아(無我 ; no-self) 또는 무념(無念 ; no-soul) 개념 (anatta).
⑤ 전멸(nonexistence) 또는 지복(至福)으로 알려진 열반에 대한 소망.

이외에 불교의 중요한 기본 교리는 삼법인, 사성제와 팔정도 등으로 요약할 수 있다.

1) 삼법인(三法印)

불교의 근본교리의 시작은 인간이 삶의 고통에서 해탈(解脫)하려는 것에서부터 찾을 수 있다. 만약 인간의 삶에 고통이 없다고 한다면 불교는 발생하지 않았을 것이다. 불교의 궁극적인 목적은 인간의 모든 고통으로부터 해탈을 의미한다.

기독교 신학의 출발점이 삼위일체에 있다면, 불교의 출발점은 삼법인(三法印)이다. 법(法)이란 곧 우주의 질서를 말하고, 인(印)이란 틀림없다는 뜻이다. 삼법인의 주된 사상은 연기설의 입장으로부터 인생의 실상을 세 가지로 정하여 제행무상, 제법무아, 열반적정이다. 이 삼법인 사상은 불교교리의 대표적인 것이다.

2) 사성제(四聖諦)

① 현실세계의 결과를 고성제(苦聖諦)
② 그 원인을 말하는 것이 집성제(集聖諦)
③ 이상 세계 결과를 멸성제(滅聖諦)
④ 그 이상 세계에 도달하는 수단과 방법이 도성제(道聖諦))인데 이 사성제를 부처가 처음 설법한 것이다.

3) 팔정도(八正道 ; 열반을 실현하는 실천 항목)

붓다는 초전법륜인(사성제), 즉 네 가지 명제(命題)에 관한 설법에서 그 도제인 팔정도를 다음과 같이 설명하고 있다.
"비구니들이여 고의 멸에 이르는 길의 성제란 팔지(八支)이니, 즉 정견(定見), 정사(正思), 정어(正語), 정업(正業), 정명(正命), 정정진(正情進), 정념(正念), 정정(正定)이다."
그러나 이 같은 교리는 원시근본불교의 사상으로써 인과 인연법에 한정되어 있는 교리이다. 대승불교는 일심의 체·상·용을 믿고 있으며, 가끔씩 초자연적 존재들(영들)과 그 대상들을 찾고, 또한 이생 이후를 믿기도 한다.

(2) 기독교와 불교의 신학적 상이점

가장 큰 상이점은 구원론 또는 자기성취에서 나타난다. 불교에서는 인간 자신의 에너지와 능력을 통한 자기 노력과 구원을 말한다. 즉 중요한 것은 자기 자신이며, 자신에 의해 모든 것이 결정된다고 인간의 자율성이 강조된다.

그러나 기독교는 그리스도 안에 있는 하나님의 은혜로부터 분리된 인간은 소망이 없게 되며, 그러므로 구원은 전능하신 하나님을 의지함으로서만 가능하다고 강조한다.

불교는 신의 도움 없이 무아, 즉 완성 상태에 이르기 위하여는 자신의 능력이 가장 중요한 것으로 가르친다. 그러므로 인간은 초월자에게 응답하는 것이 아니고 자신에게 대답하는 것이며, 인간 자신은 자기 노력 여하에 따라 선한 존재가 되느냐 악한 존재가 되느냐 결정된다고 보고 있다.

그러나 기독교는 하나님께서 자신을 인간에게 계시하시는 것으로부터 출발한다. 이와 같은 하나님 계시는 예수그리스도의 성육신 사건 속에서 그 절정을 이루고 있다. 따라서 기독교에서는 인간이 하나님을 떠나서 자기 중심적 생활을 시도한 것을 죄라고 불렀으며, 자기의존을 교훈의 기초로 삼는 불교와는 전혀 다른 종교임을 알 수 있다. 불교는 인격적인 개념을 거부한다.

그런 면에서 인간이든 신이든 영적 인격을 받아들이지 않는다. 그러므로 기독교인들이 말하는 하나님 개념은 불교인들이 신앙생활을 하는데는 하등 도움이 되지 않는다. 인격적 창조주의 위치에 불교에서는 우주의 생성과정을 인과응보사상(karma ; 業)을 주장하기 때문이다.

복음에서의 하나님은 세상을 향한 자기 목적을 갖고 계신

분으로 하나님 자신이 궁극적 목적이 되지만, 불교에서는 인과 응보사상(karma ; 業) 원리를 최종 원인으로 본다. 불교의 업(karma)은 운명론, 절망, 자기변명 그리고 염세주의와 같은 것들을 가져온다. 불교에서는 용서의 가능성도 없다. 인과응보사상(Karma ; 業)은 회피하거나 예외라는 것은 없는 철의법과 같다.

이와는 대조적으로 기독교에서는 예수그리스도께서 우리 대신 그가 흘리신 보혈의 능력으로 우리 죄를 용서하고 사랑한다고 말한다. 이처럼 하나님께서 죄와 자신으로부터 우리를 자유케 하시고 하나님과 화해케 하시려고 그리스도를 대속물로 보내신 것이다.

기독교를 불교적인 입장에서 본다면 하나님의 세계창조 자체가 무명이라는 것이다. 왜냐하면 만들어지는 것은 모두가 부서지게 되어있는데 하나님이 우주를 처음 창조할 때 부셔질 줄을 모르고 만들었으며, 선악과를 따먹을 줄 모르고 심었다는 말인가. 만일 모르고 심었다면 전지전능하지 못하고, 알고 심었다면 지극히 선한 신이라 볼 수 없다고 본다. 자기가 만든 자식에게 자기가 심은 과일을 따먹게 하여 에덴으로부터 축출하여 온갖 고통을 맛보게 하고 마지막에는 독생자를 보내 구원을 청하게 한 사실이 이치에 합당하지 않기 때문이다.

불교는 개인 중심적 종교다. 기독교의 교회와 같은 회중에 비교할 만한 단체가 불교에는 없다. 즉 이타주의 적인 기독교와 자아중심 적인 불교는 크게 다르다. 무사기한 그리스도의 사랑은 불교인에게는 아주 생소한 것일 수밖에 없다. 또한 기독교 신앙은 하나님만이 인생의 가장 중요한 것을 가장 의미 있고 가장 적절하게 현실 속으로 인간을 인도하시는 것에서부터 출발한다.

석가는 인생을 그 자체 안에서는 무의미하다고 보았다. 따라서 인간을 그 무의성으로부터 구해야 한다고 한다. 그러나 예수는 하나님 안에서 인생은 의미를 갖게 되고 인간이 그 의미를 얻게 하시려고 오셨다고 했다(요 10:10). 더욱이 불교에서 죽음이 마지막이 된다. 그러나 복음에서는 마지막은 곧 생명이라고 보았다. 불교는 회귀의 끝없는 윤회(cycle)로부터 회피하기 위하여 짧은 생을 원하지만, 복음은 영생을 강조한다.

그러나 이 또한 소승불교적인 사고방식이고 대승불교의 입장에서 보면 불교의 목적이 자리이타 자각각타 각행원만에 있으므로 불교처럼 적극적인 종교가 없으며 살신성명으로 중생을 구제한 예수님의 활동자체가 불교도의 보살행이라 주장하고 있다.

이처럼 불교와 기독교의 가르침은 근본적으로 상이하지만 그럼에도 불구하고 이 같은 간격을 접근시키려는 시도가 부단히 계속되고 있다.

(3) 기독교와 불교의 접촉점

1) 해탈과 구원

열반은 해탈을 전제하고 천국은 구원을 전제하기 때문에 두 사상을 비교해 봄이 필요하다. 해탈은 Veda에서 시작하여 Upanishad(고대 인도의 철학서)에서 발달했고, 경서 시대에 이르러 결실한 사상으로써 번뇌 또는 업과 같은 것이 인생으로 하여금 바른 길을 걷지 못하도록 방해하는 것을 계박(繫縛)이라 하고, 이 계박에서 벗어나 자유세계에 도달할 것을 이른다.

해탈이 단순히 번뇌와 업에서 벗어나는 것을 말하는 것이라 하면, 구원은 죄에서 벗어나 심판에서 자유하는 것이며, 형벌에서 놓임 받는 것이다. 질과 내용은 차이가 있으나 외견상 유사점을 발견한다. 문제는 자율과 타율에 달려 있다.

2) 석가와 예수

예수의 권위는 부활사실에 토대를 두고 있으며, 율법보다 위에 서고 하나님과 동등한 권위를 지니며, 제자들은 신앙을 통해 이를 받아들이는 데에 반하여, 석가의 권위는 교리와 법을 주는 자인 그 자신이 자율적 지위에 토대를 두고, 그의 제자들은 지혜를 통하여 이런 권위를 받아들인다고 언급하고 있다.

붓다의 권위란 각성에 의거하며, 법의 이해가 가장 중요한 것으로 석가를 법인(dharma-man)으로 표현하며, 구속론의 목표는 열반이요, 궁극적인 평화를 지닌다. 반면 예수의 권위는 신앙에 의거하며 예수는 신인으로 칭송되며 예수의 목표는 하늘왕국이요 영원한 생명으로 대변된다.

그럼에도 구속론 적이고 역사적인 성격을 지녔다는 점과, 전통적이고 의식적인 종교로 변형시켰다는 점, 교단의 설립을 공동체의 영적인 왕으로서의 유사점 등을 가지고 있음을 발견하게 된다.

3) 열반과 하나님 나라

열반(Nirvana)은 모든 번뇌의 속박을 벗어버리고 다시 미(迷)의 세계에서 윤회전생(輪回轉生)을 받을만한 업인을 조작하지 아니하는 상태이다. 원래 의미는 "멸(滅), 적멸(寂滅), 멸도(滅道), 원적(圓寂)"의 의미이다. 대승에서는 3덕을 구비하여야 열반에 이른다고 주장한다. 열반은 바람 같은 것이라 보여줄 수는 없지만 있다고 말한 사람도 있다. 불교 경전에 의하면 열반을 다음과 같이 정의한다.

"열반은 영구하고 안정되고 멸하지 않는다. 움직일 수 없고 여전하며 죽지 않고 생성하지도 않는 곳이다."

그러면 천국은 어떻게 설명할 수 있을까. 천국은 "하나님 나라" "하늘나라"로 표현되며 세례요한의 외침과 예수님의 가르침 속에서 구체화되고, 예수의 가르침의 중심 내용으로 나타난다. 예수는 비유로써 주로 가르쳤으며, 인간이 죄에서 벗어나 영원한 생명을 누리며 창조주와 교제하는 곳이요 세상의 모든 고통과 눈물이 없는 곳이요, 찬송과 감사로 즐겁게 사는 곳이다.

열반과 하나님 나라의 유사점을 찾는다면 완성적인 개념과 성취적인 의미에서 발견할 수 있다. 둘은 신앙의 최종점으로써 목표로써 이상으로써 종교간의 미소한 유사점을 가진다는 것을 부인할 수 없다.

4) 계율과 계명

기독교의 십계명과 불교의 십계를 살펴보면 모세가 받은 십계명은 신을 섬길 것을 강조하고 있으며, 부정적인 발언으로 표현된 계명의 배후에는 하나님을 사랑하고 이웃을 사랑하라는 적극적이며 긍정적인 면이 내포되어 있음을 볼 수 있다.

불교의 계율은 인간적이며 사회적인 것으로, 내면보다는 외양적인 면에 치중하고 있음을 본다. 불교는 경(經), 율(律), 논(論)으로 나눈다. 랍비가 전한 계명과 불교의 계율과의 비교는 세세한 설명은 약하고 다만 기독교가 오랜 전통으로 유지해온 계명의 형태가 불교에도 있으며, 질적인 차이에도 불구하고 인간 심성 속에 좌정한 종교심과 도덕의식이 접촉점을 제공한다는 것을 피력코자 함이다.

불교에서는 고(苦)의 원인으로 집착을 드는데 번뇌는 애욕과 업이다. 이 번뇌를 누(漏), 장(障), 혹(惑), 결(結)로 칭하며, 10대 번뇌를 말하기도 하고 108번뇌를 말하기도 한다. 기독교의 죄과는 계시인 성경에 의거하여 명확하게 드러나고 해결책도 단순하며 완성된 구원을 선포한다. 기독교는 분명하게 죄의 결과로 오는 고통을 다루고 있으며, 죄의 해결을 제시함으로써 불교가 욕망의 소멸을 구하는 대신에 기독교는 더 높은 차원에 있는 욕망의 만족을 계획한다. 그것은 생명의 완성인 것이다.

그러나 우리는 불교에서도 어떤 접촉점을 발견한다. 그들도 죄의 산물인 고통 때문에 시름하고 있는 것이다. 불교는 현실적이고 우주적인 인간문제, 고통이나 슬픔의 문제에 전념하고 있으며 고민하는 심령과 마음에 일종의 평화와 안정을 제공한다는 것이다.

단지 불교는 신의 구속을 희망하지 않으며 스스로 그 업을 맑힘으로써 원수와 은혜를 감복시켜 죄업에서 벗어나기를 희망한다.

예를 들면 아쇼카왕이 10만 대군을 이끌고 남인도에 갔다가 20만을 살육한다. 그런데 그 뒤에 그는 단칼에 4대를 죽인 죄인의 부인이 뱉은 침에 의하여 만신창에 걸린다. 그래서 성산에 약수를 구하러 가다가 한 성자를 만나 병이 낳을 수 있는 방법을 물으니, "그대는 법수를 마셔야 병이 낳는다" 하여 석가의 탄생지·정각지·전법지·열반지인 4대 성지를 참배하고 일보일배(一步一拜) 하는 가운데 병이 났고 청신사가 되어 자비정법의 정치를 펴 세계를 평안하게 하였다. 한 사람의 마음에 번뇌가 없어지면 세상이 평온하게 되는 것이 밝은 안경을 쓰면 세상이 밝게 보이는 것과 같다.

(4) 두 종교 사이의 대화를 위한 시도들

1) 복음을 받아들이기 위한 몇 가지 단계

① 먼저 우상으로부터 떠나야 한다. 바울이 데살로니가에서 하나님께로 돌아오는 첫 단계로 우상을 떠나야 할 것을 가르치고 있다(살전 1:9).
② 성령으로 말미암아 이룩되는 중생을 경험해야 한다. 죄의식이나 도덕적 책임감을 물활론적(animistic) 불교인에게 주입시키면 그는 중생을 체험하게 된다. 여기서 그는 용서와 기쁨을 얻게 된다.
③ 옛 종교로부터 돌아선 사람은 그리스도의 몸되신 교회에 들어와 자신의 동일성을 공적으로 보여준다. 이런 사람을 우리는 회심한 자라고 부른다.

2) 전도 방법

그러나 이렇게 회심에로 이끌어들이기 위해서는 우리는 몇 가지를 고려해야 한다. 대화에서 무엇보다 중요한 것은 대화자의 자세다. 불교인에 대한 동정적인 이해가 필요한 것이다. 예수그리스도와 연관된 겸손과 사랑의 마음을 갖고 대화를 해야할 것이다. 기독교 복음을 마치 바리새적 태도를 갖고 강요하기보다는 복음의 신앙인이 되어 문화를 이해하고 그 문화를 변혁시킬 수 있는 능력 있는 복음을 전파하는 것이 대화에 선행되어야 한다.

또한 불교인들에게 공격적이거나 도전적 자세가 아닌 오히려 저들을 돕고 유익을 줄 수 있는 자세를 가지고 대화를 해야 한다. 이것은 그리스도의 겸손과 사랑의 봉사 정신이 없이는 가능하지가 않다. 그러나 불교인에게 복음을 전하기 위해 저들의 문화에 맞도록 복음을 변질시켜야 하느냐는 질문은 매우 중요하다. 성경은 복음이 변질되는 것을 허락지 않는다. 불교인들은 복음을 거절할 수 있으나, 그 복음을 변질시키도록 우리에게 요구할 수는 없다. 변질된 복음이란 이미 복음이 아니기 때문이다.

그러나 지피지기(知彼知己)면 백전백승(百戰百勝)이란 말이 있듯이 대화를 위한 상대편 이해를 철저하게 할 필요가 있다. 먼저 우리의 대화를 방해하는 요소 몇 가지를 지적해 보도록 하자.

첫째, 불교적 풍토와 언어 및 가치체계에 대한 몰이해다. 그들은 기독교인들과 같은 용어를 사용하지만, 다른 의미의 개념을 가진 말들이 있으므로 이와 같은 간격을 좁히는 노력이 필요하다.

둘째, 복음전달자의 마음에 자기는 의미를 전달할 수 없다고 쉽게 좌절하는 것이 대화를 방해한다. 기독교인은 메시지를 말했지만 불교인은 자기 이해 속에서 그 의미를 산출해 내기 때문이다. 그러나 대화는 반드시 일방적으로 말을 하는 것만은 아니다. 오히려 상대방의 말을 듣고 거기에 반응을 보이는 것은 좋은 대화법이 된다. 즉 직설적 전달보다는 의미를 확인해주는 방법이 대화를 도울 수 있을 것이다.

지금까지 살펴보았듯이 문제는 불교 문화권에 살고 있는 사람들에게 어떻게 복음을 효과적으로 전달할 수 있을까 하는 것이다. 그렇다고 우리는 복음을 바꾸자는 것이 아니오 오히려 우리들이 갖고 있었던 불교에 대한 과거 잘못된 태도를 바꿔보자는 것이다. 다음과 같이 불교인들을 향한 기독교의 접근방법을 몇 가지 제시한다.
① 복음에 대한 확신하는 마음을 갖고 복음을 전해야 한다. 변질된 복음이 대화를 위해 필연적이라는 생각은 성경적 교훈과는 다르다.
② 겸손과 봉사하는 자세로 복음을 전해야 한다. 우월감이나 경쟁적 심리는 금물이다. 지구력을 갖고 정직한 마음과 진솔한 마음으로 복음을 전해야 한다.
③ 분명한 표현을 갖고 복음을 전해야 한다. 불교인들이 이해할 말과 가치체계를 동원할 수 있어야 한다.

끝으로 가장 좋은 최선의 선교 방법은 예수그리스도와 그의 십자가와 부활을 전하는 것이다.

"형제들아 내가 너희에게 나아가 하나님의 증거를 전할 때에 말과 지혜의 아름다운 것으로 아니하였나니 내가 너희 중에서 예수그리스도와 그의 십자가에 못 박히신 것 외에는 아무엇도 아니하기로 작정하였음이니라"(고전 2:1-2).

2. 불교적인 사고

(1) 이사스님의 행적과 나선비구

　불교는 기독교를 불교와 전혀 다른 종교로 보지 않고 있다. 왜냐하면 아직 공식적인 것은 아니지만 예수께서 인도에 와서 16년 동안 있는 사이에 13년간을 불교의 스님이 되어 있었다는 사실이 나타나 있기 때문이다.

　그때 예수의 스님 이름은 "이사"였으며, 그가 불교에 귀의하게 된 동기는 3년 동안 힌두교에 있는 사이 그들이 4성계급을 가지고 사람들을 차별하는 것을 보고 "이는 진리가 아니다"고 단정하자 그들 지도자들이 예수를 죽이려 하였기 때문에 몇몇 관리들이 권유하여 불교 사원으로 옮기게 되었다는 것이다.

　하여간 예수님은 불교에 들어와 이사스님이 되면서부터 불교의 평등사상에 심취하였고 근본불교의 성전인 아함경, 대승불교의 성전인 법화경 등 다양한 경전을 익히고 또 티베트 스님들에게서 만트라 병리요법을 배웠다고 한다.

　그래서인지는 몰라도 지금 성서를 보면 성서의 3분의 1은 이스라엘의 역사이고 3분의 1은 유럽의 지혜이며, 3분의 1은 불교인 것이 틀림없다. 탕자의 비유를 중심으로 법화경에 나오는 비유만도 서너 개가 되고 불전상에 나오는 어구와 내용들이 많이 나타나고 있다.

또한 산상수훈을 비롯한 대부분의 설교가 불교적인 야단법석과 유사하고 그의 생활 또한 석가부처님의 걸사 정신과 별로 다른 것이 없다. 천주교에서는 불교의식과 천주교의식이 서로 같은 것이 30종이 넘는다고 논문을 쓴 사람도 있다.

단지 불교에서는 유일신을 인정하지 않는다는 점과 부활에 대한 인식을 중요시하지 않는다는 사실이다. 달마대사도 중국에 와서 전법하고 죽은 지 3년만에 묘지에서 살아갔는데 그를 직접 본 사람이 인도 대사 송운이 있다. 그러나 불교에서는 이같은 사실이 너무 많기 때문에 신성스럽게 생각하지 않는다. 또 설사 그러한 일이 있다 하더라도 죽었다 살아난 사람이 지상을 위해 무슨 일을 하고 있느냐 하는 것을 더욱 중요시하기 때문이다.

그러면 어찌하여 대자대비한 불교가 서양에 들어가 그처럼 강하게 나타나게 되었는가. 이는 파사현정(破邪顯正)의 원리 속에 불교의 원리, 즉 진여(眞如)를 신격화 하였기 때문이다.

본래부터 깨달아 있는 원각(圓覺)의 진리는 선도 악도 아니다. 그런데 그 마음이 한 생각을 일으킴으로 인해서 밝고(明) 어두운(無明) 세계가 갈라지고 음양 5행의 법칙이 생기게 되었으며, 여기서부터 흥망성쇠 길흉화복이 싹트게 되었다.

그러므로 공부하는 사람은 하나님이나 부처님의 인격을 생각하기 이전에 그분들을 생각하는 내가 누구인가를 먼저 생각해 보아야 한다.
 사실 인간(인간 뿐 아니라 모든 존재)는 하나의 허공 가운데 존재하는 원소들이 집합하여 이루어진 것이다. 이 같은 원소들은 원래 자기 마음속에 포장되어 있었던 것인데, 그것을 깨닫지 못하므로 사람들은 세상과 나, 물질과 정신으로 나누게 되었다. 이것이 병통이다. 깨닫고 보면 색이 곧 공이고, 공이 곧 색인 것인데 깨닫지 못함으로 인해서 나, 내것을 따지고 가리고 분별하여 온갖 시비가 생긴 것이다.
 두 번째로 불교가 서양 사람들에게 직접 접촉한 사실을 나선비구경을 통하여 알아보도록 하자.
 나선은 인도말로는 나가사나(Nāgasens)이다. 일찍이 출가하여 아라한과를 증득한 성자로 존경받고 있었는데 당시 희랍(大泰國)의 왕자 미란다(Milinda)가 북인도 사갈라성(Sāgara)에 있다가 나선의 명성을 듣고 초청하여 서로 대화를 나눈다.

 왕이 물었다.
 "존자여, 당신은 어떻게 해서 이 세상에 알려졌습니까?"
 "왕이여, 나는 나의 부모님께서 나선이란 이름을 불러 주었으므로 그 이름으로 널리 알려졌습니다. 그러나 그것은 다만 세상 사람들이 인정하는 나선일 뿐 진짜 나선은 그 이름 가운데 포함되어 있지 않습니다."
 "그렇다면 진짜 나선은 어떤 것입니까? 당신의 머리카락입니까? 몸에 난 털입니까?"
 "아닙니다."

"그러면 손톱이 나선입니까? 이가 나선입니까? 그렇지 않으면 피부, 근골, 뼈, 내장 또는 혈액이 나선입니까?"
"아닙니다."
"그러면 그 모든 것을 합한 것입니까?"
"아닙니다."
"그러면 의식(意識)입니까? 지각(知覺)입니까? 아니면 그 모든 것을 합한 것입니까?"
"아닙니다."
"그러면 그것 말고 또 다른 나선이 있습니까?"
"그것도 아닙니다."
"만일 그렇다면 나는 나선이란 것을 발견할 수 없습니다. 필경 그것은 공허한 음성에 불과한 것입니까? 그렇다면 지금 여기 계시는 나선은 도대체 무엇입니까? 암만해도 나는 존자의 말을 참되게 이해할 수 없습니다."
"왕이여, 당신은 무엇을 타고 여기에 오셨습니까?"
"수레를 타고 왔습니다."
"그러면 한 가지 묻겠습니다. 도대체 수레라는 것은 무엇을 가리켜서 수레라 합니까? 굴대(軸)를 말합니까? 바퀴(輪)를 말합니까? 아니면 멍에(軛)를 말합니까?"
"아닙니다."
"그러면 살(輻)입니까?"
"그것도 아닙니다."
"그러면 그 모든 것을 합한 것입니까?"
"그것도 아닙니다."

"그러면 그것 말고 또 달리 수레란 것이 있습니까?"

"그것도 아닙니다."

"그렇다면 당신이 먼저 나에게 말한 것 같이 나에게도 수레란 것을 발견할 수 없지 않습니까. 필경 그것은 공허한 음성, 그것이라 하여 좋을까요. 도대체 대왕께서 타고 오신 수레는 어떤 것입니까? 아무리 생각해도 대왕의 말씀을 이해할 수가 없습니다."

이때 대왕은 멍하니 앉아 있었다. 이때 미란타스님이 큰소리로 외쳤다.

"여러분, 지금 폐하께서는 분명 수레를 여기까지 타고 오셨다고 말씀하시면서도 수레란 무엇이냐 한 질문에 대답할 수 없이 되었습니다. 이러고서야 어찌 기뻐할 수 있겠습니까?"

종자들은 박수갈채를 보내면서 왕을 향해,

"폐하, 저런 말을 듣고서도 좋은 답변을 하지 않아서는 안됩니다."

그러나 왕은,

"나는 거짓말을 하지 않는다. 수레는 굴레, 바퀴, 멍에, 살 등과 같은 여러 가지 인연을 통틀어 방편상 세상사람들이 부르는 명칭에 불과하다."

나선비구가 말했다.

"그렇습니다. 바로 그것입니다. 대왕은 수레의 의미를 잘 체득했습니다. 먼저 대왕께서 저에게 물은 것도 꼭 그와 같습니다."

"아, 참으로 기묘한 일입니다. 나는 대단히 어려운 문제를 가지고 존자를 괴롭게 했으나 당신은 교묘한 대답을 하여 의심이 얼음같이 녹아 사라졌습니다. 만일 붓다가 오셨다면 반드시 당신의 응답을 크게 칭찬하셨을 것입니다."

이것이 저 유명한 "미란타왕문경" 또는 "나선비구경"이라 부르는 경이다. 불교의 공 사상을 너무 명백하게 비유을 들어 설명함으로써 서양의 변반왕을 크게 감동시킨 경전이다.

이 외에도 서양사람들과 불교와의 관계는 많은 양의 교섭사가 있지만 여기서는 생략한다.

이와 같이 불교는 교리적인 측면에서 뿐 아니라 교주의 생활양식과 중생을 위해 희생 봉사하는 마음이 기독교와 흡사하다. 예수님께서 하나님의 독생자로써 세상을 구하기 위해 나타났듯이 부처님도 "나는 내가 여래의 지견을 일체중생에게 열어(開) 보여(示) 깨달아(悟) 들어가게(入) 하기 위하여 이 세상에 나왔다"(법화경 방편품)고 그가 세상에 온 이유를 밝히고 있다.

양심의 구현자 실상의 증언자로써의 교주는 말할 것도 없거니와 그 뒤 2천년 이상 이분들의 정신을 기리고 세상을 구한 수많은 선지식들이 있다. 모두가 무아봉사의 정신으로 하늘의 소식(선행)을 권했고 하나님 이전의 본마음을 깨닫게 하는데 심혈을 기울였다.

이로써 보면 기독교와 불교는 참으로 가까운 종교이고 부모 형제이며 자손들임을 알 수 있다. 서로 다정하게 지내면서 세상을 구하는데 뜻을 모으도록 노력하여야 할 것이다.

3. 아름다운 시편들

(1) 다윗의 시편

복 있는 사람은
악인이 뒤를 좇지 아니하며
죄인의 길에 서지 아니하며
오만한 자의 자리에 앉지 아니하고
오직 여호와의 율법을 즐거워하여
그 율법을 주야로 묵상하는 자로다.
시냇가에 심은 나무가 시절(時節)을 좇아 과실을 맺으며
그 잎사귀가 마르지 아니함 같으니
그 행사가 다 형통하리로다.
악인은 그렇지 아니하여
오직 바람에 나는 겨와 같도다.
그러므로 악인이 심판을 견디지 못하며
죄인이 의인의 회중에 들지 못하리로다.
대저 의인의 길은 여호와께서 인정하시나
악인의 길은 망하리로다
눈물을 흘리며 씨를 뿌리는 자는 기쁨으로 거둘 것이요

울며 씨를 뿌리러 나가는 자는
정녕 기쁨으로 그 단을 가지고 돌아오리라

허망한 사람과 같이 앉지 말고
간사한 사람과 동행하지 말라.
하늘은 나의 빛이요 사랑이요 구원이시다.
푸른 목장의 풀과 같고
목마른 사막의 물과 같다.
나의 영혼을 소생시키고
의(義)의 길로 인도하신다

하늘은 우리의 피난처요 힘이시니
환란 중에 만날 큰 도움이다.
땅이 변하든지
산이 흔들려 바다 가운데 빠지든지
바닷물이 흉융하게 넘칠지라도
두려워 할 것이 없나니라.

강물이 변하여 광야가 되게 하고
광야가 변하여 물이 되게 하여
샘으로 마른땅이 되게 하시고
마른땅으로 샘물이 되게 하며
옥토를 염밭으로 만들고
염밭을 옥토로 만들어

포도를 지배하여 먹고 마시게 하느니라.

그러므로 감사하고 존경하고 찬양하여야 하나니
나팔소리 비파 수금으로 찬양하고
소고치고 춤추고 현악과 통소 저금으로 찬양할 지니라.

(2) 법구경의 말씀

오늘의 나, 어제 생각에서 비롯되었고,
지금의 생각, 내일의 나 만든다.
내 마음 나를 창조해 내고,
깨끗지 못한 마음으로 말하고 행동하면
마차가 말 뒤따르듯이
어김없는 고통 따라오게 마련인 것을.

오늘의 나, 어제의 생각에서 비롯되었고,
지금의 생각, 내일의 나 꾸며낸다.
마음은 우리 인생 창조해 내고,
깨끗하고 순수한 마음으로 말하고 행동하면
그림자 자기를 따르듯 기쁨이 따른다네.

"그 사람 나를 모욕했다 그 사람 나를 해쳤다.
그 사람 나를 좌절시켰다. 그 사람 내 것을 훔쳐갔다"

이런 생각 멈추지 않는 사람.
증오심으로부터 헤어날 수 없다네.

"그 사람 나를 모욕했다. 그 사람 나를 해쳤다.
그 사람 나를 좌절시켰다. 그 사람 내 것을 훔쳐갔다"
이러한 생각 멈추는 사람은
증오심으로부터 해방된다네.

증오심은
증오로써 제압할 수 없으니
증오심은
자비심으로 다스려야 한다네.
이것은 변치 않는 다르마(dhamma)라네.

이 땅 위에서
우리 모두 화목한 생 함께 하여야 한다는 사실
알지 못하는 사람 많이 있고,
이러한 사실
알고 있는 사람은
서로 다투지 않는다네.

몸의 안락만 찾는 사람
마음 조화 이룰 수 없고,
먹는 음식 감사할 줄 모르는 사람

덕의 힘 지닐 수 없고,
게으름에 빠진다네.
이러한 사람
악의 여신에 끌려 다니고,
연약한 나무 바람에 흔들리듯

몸의 안락 추구하지 않는 사람
자기 조화 이루고,
알맞게 먹고 절식하며,
덕을 쌓고, 믿음의 힘 기르네.
이러한 사람
바위가 바람에 흔들리지 않듯
유혹에 빠지지 않네.

순수한 노란 가사 입고
자기 조화 이룬 마음 지니지 않는다면
신성한 장삼 입을 가치 없는 사람이네.

죄악으로부터 벗어나고,
덕 높은 마음 지니고,
진실된 자기 조화 이룬 사람,
순결한 가사 입을 가치 있는 사람이네.

허망한 것만 생각하고

진실 된 생각하지 않는 사람
진리에 가까이 갈 수 없고,
잘못된 생각으로
자칫 미로에서 헤매네.

이 우주
궁극적 실재 존재이고,
허망한 것
존재하지 않는다는 것을 알면,
바른 생각으로
진리에 닿을 수 있다네.

잘못 이은 지붕 비 새듯이
번뇌
허술한 마음 틈 타 스며든다네.

잘 이은 지붕
비가 새지 않듯이,
잘 지킨 마음
번뇌 스며들지 못하네.

이 세상에서 고통 당하는 사람 있고
저 세상에서 고통 당하는 사람 있네.
악한 행 저지른 사람

이 세상과 저 세상에서
고통 당하고,
뒤늦게 자기 잘못 알고
고통과 슬픔 잠기네.

어떤 사람 이 세상에서 행복 누리고,
어떤 사람 저 세상에서 행복 누리지만,
착한 일 행한 사람
이 세상과 저 세상 행복
다 누리고,
자기 선행보고 큰 즐거움 맛본다네.

이 세상에서 슬픔 맛보는 사람 있고
저 세상에서 슬픔 맛보는 사람 있지만,
악한 일 행한 사람
이 세상과 저 세상 모두에서 슬픔 맛보네.
"내가 악한 짓을 했구나" 하고 비탄에 빠지지만,
슬픔의 길, 들어선 것
더 애석해 하네.

이 세상에서 기쁨 맛보는 사람 있고
저 세상에서 기쁨 맛보는 사람도 있네.
착한 일 한 사람
이 세상과 저 세상 모두에서 기쁨 맛보네.

"내가 착한 일을 했구나" 하고 기뻐하고,
이러한 기쁨의 길, 서게 된 것
더 기뻐하네.

부처님 가르침
말로만 외우고
행으로 옮기지 않는 생각 없는 사람,
성스러운 생활의 즐거움
맛볼 수 없네.
이런 사람
주인의 소(牛)만 세고 있는 목동 같네.

그러나 부처님 가르침
말과 행동으로 옮기는 사람
번뇌와, 증오와, 허황한 생각 떠난
생활 이어가며,
바른 생각, 자유로운 마음, 현재, 미래 모든 집착
다 여의고
덕 높은 인생 살고 있는 사람이네.

새신자 학교

한국불교와 교회의 심각한 문제는 새신자를 영적으로 체계적으로 교육할 줄 모르고 무조건 교회나 절의 형식과 조직으로 그들을 이끌어 가려는 데 있다. 여러 가지 큰 잔치나 법회에 총동원하여 각종 행사를 통하여 많은 사람들을 회장으로 나오게는 하지만 그들을 진실한 종교인으로 변화시키는 데에는 크게 미흡한 것이 사실이다. 즉 교회나 절이 새신자를 많이 확보하는 것은 대단히 중요하지만, 그것이 곧 기독교를 살리고 불교를 부흥시키는 것과 직결될 수는 없다.

따라서 새신자를 어떻게 지도하여 성숙된 지도자로 교육하느냐 하는 문제가 오늘날 모든 종교의 중요한 과제이고, 종교 사역과 성장의 바람직한 형태인 것이다. 따라서 이 글의 목적은 새신자들로 하여금 맹신적인 유아상태에서 벗어나 구원 해탈의 확신을 가지고 모든 사람에게 나아가서 참된 종교의 복음을 전할 수 있는 사람이 되게 하는데 있다.

이 목적을 달성하기 위해 새신자를 보다 효과적으로 교육시키고 정착시킬 수 있는 새신자 학교의 필요성이 대두되고 있다. 따라서 이 글은 먼저 새신자에 대한 정의와 새신자 학교에 대한 종교적 근거를 고찰할 것이다. 동시에 새신자에 대한 보다 폭넓은 이해를 위해 새신자 교육원리와 중요성을 살펴보겠다. 또한 이러한 이해를 근거로 하여 바람직한 새신자 교육방안을 제시할 것이다.

1. 새신자에 관한 이해

(1) 새신자의 정의

일반적으로 새신자라고 하는 명칭은 포괄적이다. 불교든 기독교든 신앙을 처음 갖게 된 자와 이들 종교에 막 영접한 자를 새신자라고 할 수 있다. 그러나 더 포괄적인 면에서 말한다면 때로는 절이나 교회에 처음 나온 자도 새신자로 호칭을 한다. 즉, 기성 신자까지도 포함을 시킬 수 있다는 말이다. 그러므로 새신자는 두 가지로 구분해 볼 수 있다.

첫째는 절이나 교회에 등록하여 처음 불교와 기독교에 입문, 신앙생활을 하려는 신자를 말한다.

둘째는 넓은 의미로 다른 절이나 교회에서 신앙 생활을 하다가 이사나 다른 이유로 인하여 새로이 등록한 전입된 자다.

절에 다닌 지는 오래 되었지만 신앙적으로 성숙하지 못하여 가끔씩 왔다 갔다 하면서도 정신적으로 영아 상태에 있는 신자를 모두 포함하여 새신자라고 할 수 있다.

신앙의 성숙은 교회 생활의 기간이나 직분으로 측정할 수 없기 때문에 무엇보다도 새신자는 물론 기존의 신자라고 할지라도 새신자 교육 훈련이나 교육을 받지 않았던 사람이나, 구원에 대한 확신과 해탈 자유를 얻지 못한 자는 모두 다 새신자로 간주할 수밖에 없는 것이다.

(2) 새신자의 유형

새신자의 유형은 신앙적 동기를 파악해보면, 대개 그 성향을 알 수 있다.

1) 죄와 구원의 문제로 입교한 자

인간은 누구나 죄책감을 가지고 있다. 이를 해결하기 위해서 선한 사업을 힘쓰게 되지만 끊임없이 일어나는 죄책감을 은혜를 빌어 구원을 청하려는 경우가 있다. 그러면 교회나 절에서는 그들을 기쁜 마음으로 영접하여 해방시키기 위해서 나오게 되는 경우가 있다. 인간에게 있어서 죄책감은 인간 스스로 해결할 수 없는 무거운 짐이다.

그러므로 그들에게 절대자나 그 이상의 능력이 있는 자가 구원받을 수 있다는 사실을 알려 주고 이에 동의하면 믿음 가운데로 확실하게 이끌어 주게 된다.

2) 병고침 받고자 입교한 자

새신자의 대부분은 죄에 대한 관심은 없고 외형적으로 드러난 질병만을 치료하고자 절이나 교회에 나오는 경우가 많다. 이런 신자들은 동기 자체가 종교적이지 못하기 때문에 문제점을 야기시킬 수 있다. 그러므로 이들에게 육신의 질병이 정신적인 죄업에 기인하고 있음을 가르쳐 주면서 동시에 큰 깨달음(불성을 개발하고 그리스도를 발견하는 것)을 통하여 질병이 퇴치될 수 있음을 깨우쳐 주어야 한다.

3) 복 받기 위하여 입교한 자

대부분 사람들이 복에 대한 갈망에서 신앙적 동기를 갖고 있음을 보게 된다. 이들은 절이나 교회에 나와서 기도하거나 신앙하는 사이에 많은 복을 받고 만사 형통한다고 믿고 있다. 이들은 영혼구원의 본질적인 문제보다는 이기적인 목적에 의해 종교를 이용하려는 입장에 서있는 사람들이 대부분이다.

그러므로 이들은 자기 이성의 기준으로 인생을 살아가고 종교 안에서도 이성으로 생각하려고 한다. 때문에 바른 지도와 교육이 없이는 올바른 신앙생활과 생활을 기대할 수 없다. 따라서 성불에 대한 확신과 바른 복음의 개념을 가르쳐 주며,

제자의 길이 복된 길임을 알게 해준다.

4) 문제의 해결을 위해 입교한 자

인간은 태어나면서부터 많은 문제를 안고 있다. 인간은 갖가지 노력에도 불구하고 해결하기 어려운 문제들을 가지고 있다. 기독교에서는 오직 그리스도 예수만이 인생을 해결할 수 있다고 말하지만, 불교는 깨달음에 의해서 해결될 수 있다고 가르치고 있다. 어떻든 이들에게는 구원의 확신과 문제해결을 위한 상담과 지도가 병행되어야 하며 성전공부를 통해서 진리의 말씀으로 이들을 지도해야 된다.

(3) 새신자 학교의 사실적 근거

1) 구약에서의 새신자 학교

첫째, 새신자 학교는 창조주 되신 하나님이 첫 사람 아담을 만드시고 나서부터 시작되었다고 볼 수 있다. 피조물인 아담은 조물주가 누구인지 그분에 대해서 스스로 알 수 없었다. 그러므로 아담에 대한 첫 교육은 하나님께서 아담에게 나아가심으로부터 시작되었다. 하나님은 아담에게 자신을 창조한 하나님이 누구신 지 말씀하셨다. 그를 에덴 동산으로 이끌고 가셔서 에덴을 다스리고 지키는 방법을 가르치셨다(창 2:15).

이어서 소위 "최초율법"을 가르치신다. 여호와 하나님이 그 사람에게 명하여 가라사대 "동산 각종 나무의 실과는 네가 임의로 먹되 선악을 알게 하는 나무의 실과는 먹지 말라. 네가 먹는 날에는 정녕 죽으리라 하시니라(창 2:16)" 하나님은 최초의 성도 아담에게 하나님의 성도로 살아가는 법, 하나님의 교회에 들어오는 법을 가르치신 것이다.

이 교육은 다시 아담을 통해 하와에게 이어진다. 하와가 뱀과의 대화 중에 "동산 나무의 실과는 우리가 먹을 수 있으나 동산 중앙에 있는 나무의 실과는 하나님이 말씀에 너희는 먹지도 말고 만지지도 말라. 너희가 죽을까 하노라 하셨느니라(창 3:2-3)"고 말한 것으로 보아 하와는 다시 아담으로부터 하나님의 백성으로 사는 법을 배웠음이 분명하다.

둘째, 구약의 새신자 교육은 족장들에게 나타난다. 인간이 타락하여 에덴에서 쫓겨난 다음에 가인과 아벨이 하나님께 제사를 드린 것으로 보아(창 4:3-4) 인간이 하나님께 나아가는 방법은 제사제도를 통했음을 알 수 있다. 이렇게 제사를 통해 하나님께 나아가는 것은 이후에 등장하는 족장들의 모습에서 발견된다. 홍수가 그친 다음 노아는 방주에서 나오자 마자 하나님께 제사를 드린다(창 8:20). 그리고 아브라함으로 또 이후의 족장들로 계속된다.

셋째, 모세 오경은 새신자를 가르친다. 신 6:1에서 이렇게 설명하고 있다.

"이는 곧 너희 하나님 여호와께서 너희에게 가르치라 명하신 바 명령과 규례와 법도라."

하나님은 모세를 통해 이스라엘 백성들에게 하나님을 경외하기 위한 명령과 규례와 법도를 가르치고 또 그 백성들로 하여금 아들과 손자들에게 가르칠 것을 명하고 계신다. 하나님이 모세를 통해 성경을 기록하게 하신 것은 오고 오는 세대들, 즉 새신자들에게 하나님의 명령과 규례와 법도를 가르쳐 하나님의 백성이 되게 하시려는데 있었다.

넷째, 유대인의 가정과 사회제도는 새신자 교육의 터전이었다. 신 6:4-9은 가정에서의 교육에 대한 모세의 가르침이다. 여기서 어머니는 교육의 모범이요, 아버지는 하나님의 말씀을 가르치는 선생이다. 이러한 가정이 그들 교육의 요람이라 할 수 있다.

또 회당을 중심으로 한 교육이 발전되기 전부터 유대인들은 하나님의 택하신 지도자들을 따르고 가르침을 받아왔다. 역사적으로 이들은 그 직능에 따라 제사장, 예언자, 선지자라 불렀으며, 종교적 의식, 명절 등을 통하여 교육이 계속되었다. 포로귀환 이후에는 가정 중심에서 회당 중심으로 교육의 변화를 가져왔으며 유대 교사 랍비들이 최고의 존경을 받은 것을 알 수 있다. 그 이후에는 유대학교로 변화하였는데 이것은 회당을 기초로 한 것이다.

2) 신약에서의 새신자 학교

첫째, 복음시대에서의 새신자 학교는 예수께서 그 기초를 놓았다고 봐야 한다. 예수께서는 친히 제자들을 선택하셔서 그들을 교육하셨다. 예수께서 하신 교육방법을 모형으로 삼아 생각해 보고자 한다. 예수께서는 갈릴리 해변에 다니시다가 바다에 그물을 던지고 있는 형제를 만나 부르신 다음에 함께 다니시며 그들을 교육하신다. 소위 제자훈련이다.

이때 예수께서 사용하신 방법은 생활현장에서 생활의 본을 보이시면서 자유롭게 교육하셨다. 때로는 비유를 사용하시기도 하고 때로는 사물에 들어있는 원리를 말씀하시면서 그들의 영적인 성숙을 도모하셨다. 특별히 생활에 부딪치는 경험을 통해 개인의 영혼에 관심을 집중하고 개인 상담을 하시기도 하고 제자들의 영적 성숙의 단계를 따라 교육하셨다. 예수의 교육목표는 십자가나 부활에 나타난 하나님 나라의 실현에 있었다. 또 인간이 하나님께 나아가고 하나님의 뜻을 이루는데 있었다.

둘째, 초대교회의 교육방식이다. 오순절 사건 당시 제자들의 수는 단 120명에 불과했다. 그들은 엘리트 그룹에 속한 자들도 아니었고 사회 하층계급에 속하던 자들이었다. 그러나 이들의 교육은 예수 부활 후 32년만에 아무 인쇄물이나 대중매체의 도움 없이 이방세계와 더 나아가서는 전 세계에 이르기까지 복음을 증거하는 큰 일을 성취해 냈다. 사도들은 구약성경을 중심으로 팀 사역을 통한 새신자들을 교육하였다고 볼 수 있다.

2. 불교와 새신자

불교의 기본원리는 교주 석가모니부처님의 깨달음을 믿고 그가 가르친 법을 따르고 대중과 화합하여 평화롭게 살아가는 것을 가르친다.

첫째, 부처님은 깨달은 자이고 감로의 문을 여는 자이며 세상을 복되게 하는 자임을 확신시키고 의심하지 않도록 가르친다. 처음 부처님께서 도를 이루시고 5비구를 제도하기 위해 베나레스까지 왔을 때, 그 동안 부처님을 뵙고도 가피를 입지 못한 사람들, 즉 바라문 우파가바와 간디스강가의 뱃사공, 그리고 5비구 등은 모두가 부처님의 깨달음을 의심했던 사람들이다.

그런데 5비구는 부처님의 법문을 듣고 깨달음을 얻어 비로소 부처님의 제자가 되었다. 그러므로 불자는 교주 부처님의 깨달음이 무엇인가를 확실하게 이해하고 믿고 따라야 한다.

그러면 부처님의 깨달음이란 무엇인가. 이 세상 모든 존재는 원소(5온)의 집합체이고, 그것은 시간과 공간 속에서 변이 상속해 가고 있기 때문에 영원성이 없는 것이지만, 마음은 허공과 같아 생하지도 않고 멸하지도 않고 깨끗하지도 더럽지도 않고 불어나지도 않고 줄어지는 것도 아니라는 것을 가르친다.

둘째는 중도이니 극단적인 사고방식을 버리고 8정도의 길을 걷는 것을 가르친다.

①은 극단적인 향락주의이고
②는 극단적인 고행주의이다.
이 둘은 다같이 자신을 해하고 세상을 이익되게 하지 못하기 때문이다.
오직 세상을 바르게 보고, 바르게 생각하며, 바르게 말하고, 바르게 행동하고, 바르게 노력하고, 바른 뜻을 가지고 바르게 그 몸과 마음을 안정시키라. 이 세상 모든 것은 인과 인연의 법칙에 의하여 인과응보가 형성되기 때문이다.
셋째는 세·출 세속의 윤리도덕을 지키는 것이니, 3귀5계가 그것이다. 부처님께서 탁발 나가 선생녀에게 가르쳐주신 3귀5계를 보면 다음과 같다.

거룩한 부처님께 귀의합니다.
거룩한 가르침에 귀의합니다.
거룩한 스님들께 귀의합니다.

여기서 거룩한 부처님이란 복과 지혜를 다 갖추신 부처님이고 거룩한 가르침이란 일체의 편견을 떠난 중도적인 바른 길이며, 거룩한 스님들이란 본래 청정한 마음을 믿고 인과 인연 속에 세상의 평화를 위해 희생 봉사하고 살아가는 불교도들을 말한다.
그리고 5계는

산 생명을 함부로 죽이지 말라.

주지 않는 것을 갖지 말라.
삿된 음행을 하지 말라.
거짓말 하지 말라.
술 마시지 말라.

살생하면 단명하고 병이 많고, 도둑질하면 가난하게 되고, 사음하면 가정에 불화가 생기고, 거짓말하면 신용을 얻지 못해 출세하지 못하고, 술에 취하면 정신이 흐려지기 때문이다.

그러므로 이 계를 잘 실천하면 자신과 세계와 큰 이익이 있다.

넷째는 세상사람들을 불쌍히 여기고 그들의 안락을 위해 포교하라. 전법륜경에 야사의 가족과 그의 친구 5비구에게 다음과 같이 말했다.

"처음도 좋고 중간도 좋고 끝도 좋은 뜻과 글이 다 갖추어진 진리를 널리 펴라. 모두 원만하고 맑고 청정한 행을 가르쳐 보이라. 세상에는 더러움이 적은 사람들도 있는데 법을 듣지 못하면 망할 것이다."

3. 기독교 새신자 학교 교육의 원리

(1) 교육의 원리

1) 교훈과 참여의 원리

 인간은 누구나 일생을 통하여 많은 위기를 만나게 된다. 이런 위기에 대한 준비가 없으면 위기를 만날 때 당황하게 되고 이를 극복하지 못하게 된다. 이 점은 새신자에게 있어서도 마찬가지다. 따라서 진리의 자손으로써 성장하게 하려면 문제를 만날 때마다 적절하게 처리해 나갈 수 있도록 준비시켜야 한다. 부처님과 성자께서도 제자들에게 당면한 문제들을 해결해 나갈 수 있는 방법들을 가르쳐 주셨다.
 새신자 교육에 있어서 참여의 방법은 일반적인 참여의 방법이 아닌 종교적인 참여의 방법이다. 이 참여에서는 개인적 성숙을 그 목적으로 하지만 그 성숙은 진리에 바탕을 두어야 한다. 기독교나 불교나 잘 믿고 따르면 사랑의 법칙을 수행해 나가는 능력을 얻게 된다.
 그런데 새신자를 개인적인 교육보다는 집단적인 여러 활동에 동참시킴으로써 성숙한 신자가 될 수 있게 한다. 보다 원만한 인간관계를 맺을 수 있게 하려면 진리와 그 자녀들 사이의 사랑의 관계를 보게 하고 구성원간에도 진지한 사랑의 관계가 유지됨을 깨닫게 해주어야 한다.

그리고 무엇보다 진리의 말씀을 통해 성스러운 말씀을 믿도록 직접 공부에 참여시킴으로써 새신자로 하여금 바른 종교인이 될 수 있도록 가르침을 보여 주어야 한다. 그리고 교육자는 세심한 관심을 가지고 돌보아 새신자에게 적절한 참여의 시기와 방법을 분별, 참여시킴으로 확신을 갖고 적극적으로 헌신하는 신자가 되게 하여야 한다.

2) 소수 집중의 원리

성전을 통해 보면 부처님이나 하나님은 대중에게 마음을 두시고 그를 통해 당신의 뜻을 이루어 가셨다. 예수께서도 인류를 구하러 오셨으면서도 소수의 제자들을 대하셨고, 부처님도 5비구부터 시작하셨다. 그리고 그들을 집중적으로 교육하셨다. 특히 그들은 그의 사역을 계속할 수 있는 사람들을 선택하고 훈련시켰다. 선택된 소수에게 집중한 이유는 군중을 인도할 수 있는 사람들을 필요로 했기 때문이다.

또 하나는 세상에 있는 개인이 변화되지 않고는 아무도 세상을 변화시킬 수 없으며, 또한 개개인이 변화되지 않고는 그 의미가 없기 때문이다. 바울의 사역에서도 소수 집중의 원리를 찾아볼 수 있다. 바울은 소수와 함께 하면서도 그들에게 집중적으로 관심을 가졌다. 참된 교육은 집중적인 관심 가운데 참된 인격의 감화와 그에 대한 반응에서 이루어지기 때문이다.

바울이 드로아에서 그 앞의 전도의 문이 열려지지 않았지만 드로아를 떠나 마게도냐로 갔다고 술회하고 있다(고후 2:12-13). 바울은 왜 드로아로 떠났는가. 디도에 관한 관심 때문이다. 왜냐하면 잘 훈련된 한사람이 있을 때 그 사람을 통해 효과적인 사역이 이루어질 수 있기 때문이다.

부처님께서도 처음 5비구와 야사의 친구 55명을 제도하신 뒤 우르베다촌에 이르러 3가섭을 제도하였다. 1천명의 그의 제자들을 교육하기 위해서였다. 그리고 죽림정사에서는 사리불과 목건련을 교수사로 인정했으며, 마하가섭에게는 세 곳에서 무언의 설법(多子塔前의 半分座, 靈山會上에서 拈花示衆, 沙羅雙樹間탑에서 廓示雙趺)을 하였다.

또 수나파란다국으로 전도하러 가는 푼나에게 전도자의 의지를 확인하고 "진리를 위해 죽을 각오가 되어 있는 사람은 가도 좋다"고 허락하신다.

그러므로 새신자들에게도 같은 원리가 적용될 수 있다.

3) 동역과 모범의 원리

소수에 관한 집중적인 관심은 동역과 모범으로 연결된다. 인격적인 깊은 관계를 유지하면서 모든 생활을 함께 하는 것이 교육의 가장 중요한 길이다. 부처님과 예수께서는 제자들과 함께 지내시면서 기쁨과 슬픔을 나누셨고 모범과 교훈을 계속하셨다. 제자들은 문제가 있을 때마다 직접 묻기만 하면 해결되었다.

제자들에게 있어 부처님과 예수는 학교였으며 교과 과정이었다. 그들은 제자들에게 많은 모범을 보여주었는데, 특히 진리를 전파하는 방법과 마음의 평화를 실천하는 방법, 즉 기도하고 좌선하는 방법을 보여주셨다. 제자들이 성자들과 함께 생활하며 그의 모범을 보고 진리를 사랑하는 방법을 배울 수 있었듯이 새신자들도 그들을 육성하는 자의 생활을 통하여 배우게 된다.

종교적 음성은 파송, 즉 진리를 위해 일할 사역을 전제로 한다. 이 세상에 태어난 아이가 일하기 위해서 성장을 필요로 하듯이 이 세상에 몸을 받은 모든 생명도 그 나라를 위하여 헌신하기 위해서 태어난 것이다. 그래서 부처님은 "내가 이 세상에 태어난 것은 여래의 지견을 일체중생에게 열어(開) 보여주고(示) 깨달아(悟) 들게(入) 하기 위해서" 하시고, 태어나실 때 "이 세상 모든 존재는 천상천하 유아독존한 마음을 가지고 있다" 선언하신 것이다.

4. 새신자 교육 목표

목표는 인간에 있어서 가장 강력한 추진력의 하나이다. 명확한 목표를 설정함으로 목표를 이루기 위해 나아갈 때 발생하는 어려움을 쉽게 극복할 수 있다. 새신자 교육에서 일정한 목표를 가지는 것이 중요한 일이며, 그렇게 함으로써 이들 목표를 성취하는 사업에 정력을 집중할 수 있는 것이다.
　새신자 교육의 목표를 정하는 것은 새신자에게 영적인 진리에 참여하는데 체계화하는 기회를 주게 될 것이다. 체계화되고 계획된 새신자 교육계획은 기본진리를 태만하게 보아 넘기거나 잊어버리고 시작하여 실수하는 것보다도 새로운 종교인으로 안정시키는데 더욱 효과적이 될 것이다. 새신자의 성장의 궁극적인 목표는 "우리가 다 하나의 세계에서 같을 일을 하며 하나가 온전한 사람이 되어 그 깨달음이 충만할 때 나아가게 하는 것이니 이것이 여러 성전에 나타난 하나님의 말씀이고 부처님의 말씀이다. 또한 새신자 교육의 목표는 다음과 같이 구원의 확신, 신앙의 성장, 성스러운 제자가 되는 것으로 설명할 수 있다.

(1) 구원의 확신

　새신자가 일년이 못되어 세상으로 되돌아가는 것은 구원의 확신을 갖지 못하고 교회만 다니고 절에만 다니기 때문이다. 그러므로 새신자의 보존과 교육에서 가장 먼저 성취해야 할 목표는 새신자들에게 구원과 성불에 대한 확신을 갖게 하는 것이다. 이를 위해서 지도자는 최선의 방법을 강구해야 하며 자주 개인적 만남을 통해서 구원의 기초적인 원리를 반복해서 가르쳐주는 것이 필요하다.
　새신자는 그리스도교와 불교 안에서 약속된 보장에 대한 확신을 갖도록 교육해야 한다. 말하자면 성불에 대한 확신, 영생에 대한 확신, 사죄에 대한 확신, 기도응답에 대한 확신, 승리의 확신, 자기불성에 대한 확신 등을 가질 수 있어야 한다. 천하 인간에 구원받을 이름으로 주어진 예수의 이름을 믿느냐 안 믿느냐 하는 것은 중요한 사건도 사건이려니와 일체중생이 불성을 가지고 있다는 사실은 더욱 중요하다.

　종교인에게 있어서 확신을 위한 세 가지 기반이 있다. 불교에 있어서 중생과 부처, 마음은 솥의 세 발과 같고, 기독교에 있어서 성자, 성부와 성령은 카메라 삼각대와 같다. 만일 솥이 안정되고 카메라가 제 자리에 고정되려면 이 세 다리의 하나하나가 안전하고 적절하게 조절되어 사용되어야 할 것이다. 마음은 모든 일에 근본이 된다. 마음을 깨닫지 못한 사람이 중생이고 마음을 깨달은 사람이 부처이기 때문이다. 마찬가지로 성부와 성자는 모두가 성령을 통해 나타난 것이기 때문이다.

(2) 신앙의 성장

　종교의 목적은 우리가 육체적으로나 정신적으로, 신앙인으로써 성장되는 것이다. 장애인이 되어 계속 육체적으로 발육부진의 상태에 머물고 있는 것은 슬픈 일이 아닐 수 없다. 그러나 모든 현상 가운데 가장 애처로운 현상은 영적인 성장이 중지된 현상이다. 베드로전서 2장 2절에 영적으로 태어난 새신자일 경우에 이는 "갓난아이"와 같다고 말씀했다.

그는 아직 "육신에 속한 자로서 내가 너희를 젖으로 먹이고 밥으로 아니 하였노니 이는 너희가 감당치 못하였음이라(고전 3:2-5)고 하였는데, 이는 주 예수그리스도의 은혜와 저를 아는 지식에서 자라나지 못할 것을 경계한 것이다.

불교도 마찬가지다. 불유교경에서 "내가 병을 알고 약을 설했으나 먹고 먹지 않은 것은 나의 허물이 아니고, 내가 길을 알고 안내하였지만 가고 가지 않은 것은 나의 허물이 아니다" 하였다.

성경과 불경에서 인간을 영혼이 무명 속에 깊이 잠들어 있는 것으로 본다. 이 같은 깊은 잠 속에서 깨어나신 분들이 그리스도고 부처님이다. 그런 의미에서 불교와 기독교를 믿는다는 것은 하나님과의 관계 회복을 의미하며, 중생이 곧 부처가 되는 과정이다. 이 같은 깨달음과 관계회복은 영원히 지속되어야 한다. 신앙성장이란 이러한 관계회복을 각자가 스스로 해나갈 수 있는 능력을 심어주는 일이다. 그러므로 신앙성장의 목표 중 우선적인 것은 신자로 하여금 성자와 진리와의 관계를 지속적으로 교제할 수 있도록 하는 것이다.

옛사람들은 신앙이 성장하지 않는 이유를 세 가지로 말하였다.

첫째, 구원받지 못했기 때문이다. 그는 단지 교회나 절간 생활에 익숙할 뿐, 교주와의 관계에서 구원의 성자들이 영접되지 않았기 때문이다.

둘째, 신앙의 성장 과정을 누가 가르쳐 주지 않고 훈련시켜

주지 않았기 때문이다. 그는 마치 낳아서 팽개쳐진 어린아이와 같다. 어떤 사람은 교회생활이 20년이 되고 절에 다닌 지 30년이 지났어도 신앙성장이 없는 사람이 있다. 정상적인 성장의 과정을 거쳐보지 못했기 때문이다.

셋째, 진리의 말씀에 귀를 기울이지 않았기 때문이다. 잘못된 습관과 게으름, 교만으로 뉘우침이 없었기 때문이다.

(3) 부처님의 제자와 예수님의 제자

종교교육의 최종 목표는 훌륭한 신자가 되게 하는데 있다. 신자란 교주를 닮기 위해 노력하는 사람이며, 전법의 성취한 열매이며, 보존 받기 위하여 교육을 받고 있는 종교인이다. 그런데 세상에는 그를 종교인이라고 부르기 이전에 누구의 제자라고 자청하고 있다는 사실이다. 이것은 신자가 제자로서의 자격을 먼저 구비하지 아니하면 훌륭한 종교인이 될 수 없다는 것을 의미한다.

안디옥 교회에서 제자들이 얻었던 그리스도인이라는 별명은 작은 그리스도라는 의미를 담고 있다. 예수를 너무 닮아서 그들을 보면 예수를 생각나게 한다는 것이나 다름이 없는 이름이다. 왜 그들이 예수 같이 보였을까? 무엇보다 그들은 예수를 닮은 제자들이었기 때문이다. 세상사람들이 스님들을 보면 부처님을 생각한다. 그들이 부처님의 제자이기 때문이다.

진정한 그리스도인과 불교인은 제자가 되는 것이다. 제자라는 개념 안에는 부처님과 예수께서 지상의 일을 하실 동안 그의 말씀과 삶의 모범을 가지고 보여주신 세 가지의 중요한 요소가 있다.

이 요소들은 성자들의 인격과 절대적인 관계를 가지고 있어서 그를 떼어놓고는 그 의미와 성격을 전혀 이해할 수 없다. 인격적인 위탁이 없이는 제자도가 존재할 수 없고, 증인의 요소가 없이는 그 궁극적인 비전을 상실하게 되며, 종의 요소가 따르지 아니하면 주인의 맛을 잃어버리기 때문이다.

사도 바울은 말하기를 "우리가 이같이 너희를 사모하여 하나님의 복음으로만 아니라 우리 목숨까지 너희에게 주기를 즐겨함은 너희가 우리의 사랑하는 자 됨이니라(살전 2:8)"고 하였다. 즉 새신자를 위하여 희생적인 태도로 역사했던 그의 모습을 볼 수 있다. 새신자를 위한 희생적인 역사를 통하여 새로운 신자를 배출할 수 있을 것이다. 그리스도께서는 3년의 그의 생애를 자기의 12제자들에게 전적으로 투자하셨다. 따라서 제자 훈련자의 스승으로서의 그리스도는 그 다음 사반세기를 지나서 초대 그리스도교의 교회가 크게 확장케 될 것을 보증하는 원리를 실천할 필요성을 아셨던 것이다.

부처님께서 설산에서 6년 동안 고행하신 것이나 달마대사가 소림 굴속에서 9년 동안 면벽하신 것도 모두 마찬가지다.

5. 새신자 교육의 중요성

그러면 여기서 "왜 새신자 교육을 해야하는가?"라는 문제가 제기된다. 이것은 믿는 자의 의무인 동시에 축복이다. 진리의 백성으로서 어린 새신자에 대하여 관심을 가져야 하고, 성자들의 사랑으로 돌봐주어야 한다. 성숙한 신도들은 자신의 성장에만 관심을 가질 것이 아니라 어린 형제와 자매의 영적 성장에도 관심을 가지고 자신이 할 수 있는 모든 것을 투여하여야 한다. 새신자 교육의 중요성을 여러 가지 면에서 요약할 수 있으나 대표적인 몇 가지를 들어보면 다음과 같다.

(1) 견고한 신앙의 소유

진리의 백성으로 처음 등록한 사람은 신앙을 받아들이기 쉬울 수 있으나, 반면에 사단의 유혹에 빠지기도 쉽다. 사단의 여러 가지 시험을 이기기 위해서는 남다른 투쟁이 있어야겠으나 새신자에게 이 같은 것을 기대하기란 어렵다.

새신자에게 시험이 올 때 그들은 지금까지의 신앙을 쉽게 포기하기 쉬우며, 신앙의 능력에 회의를 갖게 되기 쉽다. 이러한 것을 이기기 위해서도 영적으로 성장케 하여야 한다. 자기 자신의 육신의 소유욕에 따라서 행동하는 것이 아니라, 진리의 말씀에 자신의 삶을 맞추는 훈련을 하도록 교육시켜야 한다. 견고한 믿음은 혼자서 가능한 것이 아니라, 교육자의 정성어린 돌봄으로 가능한 것이다.

성자들께서 공생애를 시작하실 때 사단의 시험을 당하셨으나 진리의 말씀으로 이 시험을 물리치셨다. 이와 같이 새신자들에게 진리의 말씀으로 시험을 이기게 하기 위해서 새신자 교육을 해야 한다.

(2) 올바른 신앙의 성장

어린아이의 성장 속도는 어른에 비하면 놀랄 만큼 빠르다. 마찬가지로 새신자의 신앙성장은 그의 전 생애를 통하여 가장 경이적이며 높은 신앙 성장률을 보인다. 교육자는 영적 부모와 같은 자세로서 새신자를 보호하고 사랑하며, 교육하고 훈련하는 사랑의 관계를 맺어야 한다. 새신자는 자신이 당면한 삶의 여러 영역에서 진리의 말씀을 바로 적용하기에는 어려움이 많다. 이들에게 교회나 절에서 성숙한 종교인들이 될 수 있도록 사랑의 자세로 돌보아 주는 것이 절대 필요하다.

어린아이가 부모의 도움이나 학교 선생님의 도움이 없이 자란다면, 커가는 데에도 온갖 애로가 있고, 설사 자란다고 해도 좋은 습관보다 나쁜 습관이 앞설 수 있는 것과 같이 새신자에게도 무엇보다 영적 교육이 절실하다. 따라서 성전의 말씀을 통하여 "옛 사람의 습성을 벗어버리고" "새 사랑을 입는 변화의 과정을 배워야 한다.

(3) 재생산의 삶

  새신자가 부처님이나 그리스도의 지상 명령을 수행하여 장성한 위치에 서기 위하여서 부처님과 그리스도와 같이 복음을 전파해야 한다. 또한 더 나아가서 새로운 신자를 생산케 하는 재생산의 삶을 이루어야 한다. 새신자가 장성한 신앙인으로서 영적 자녀를 재생산할 수 있도록 훈련시키는 것이 중요하다. 이것은 영적 생산의 차원에서 한 걸음 더 나아가 영적 재생산을 의미한다.
  새신자를 성장시켜 다른 제자를 다시 생산할 수 있도록 해야한다. 이와 같은 과정을 통해서만이 종교의 영역의 확장 성장을 도모할 수 있기 때문이다. 영적 재생산이란 제자훈련을 말하는 것으로, 즉 성숙한 종교인이 어린 새신자를 훈련하므로 이 새신자가 다른 신자를 훈련시키도록 하는 것이다.

6. 새신자 학교 교육의 실제

(1) 새신자 교육을 위한 프로그램

1) 새신자 교사 양성

새신자 교육을 위하여 헌신하는 교육자 양성이 이루어져야 한다. 교육의 방법 면에서 집단교육의 방안도 있으나 기본적인 방법은 개인교육이다. 이미 믿는 신자가 영적 부모가 되어 영적 자녀 한 사람을 위하여 기도하고, 교육하며 돌보는 영적 책임을 감당하도록 하여야 한다. 그러기 위하여 이 일에 헌신할 사람을 육성하여야 하는 담임 교역자가 선두에 서서 이 일들을 이끌어 나가야만 한다.

절과 교회의 일은 지도자의 관심과 집중에 따라 방향이 달라지기 때문이다. 대개 여기에는 "영친위원회" 또는 "교육위원회"를 구성하여 이 분야에 관심을 가진 사람들의 힘을 집약시키고, 이들로 하여금 그리스도와 불교도의 사역에 기쁨으로 헌신하도록 하여야 한다. 이 일에 헌신하는 사람들의 수가 얼마나 되느냐 하는 문제는 매우 심각하고 중요하다. 절이나 교회에서는 이러한 인적자원을 확보하고 보다 구체적으로 훈련시키는 노력을 아끼지 말아야 한다. 그러므로 헌신자를 발굴하고, 그들의 마음에 사명감을 고취시키며 적극적으로 자원하는 마음으로 자신을 바치게 해야 한다.

2) 새신자 접촉법

① 관심집중
관심을 집중한다는 말은 "새신자와 온전하게 함께 한다"는 것을 의미한다. 이것은 새신자 교사가 온전히 나에게 관심을 기울이며, 나의 모든 것을 소중하게 여긴다는 생각이 들게 한다. 특별히 교회나 절에 처음 나와 모든 것이 서먹서먹할 때, 자신에게 온전히 관심을 쏟아주는 사람이 있다는 것은 마음에 큰 위안이 된다.
첫째, 대화할 때 항상 새신자를 향해서 앉아야 한다. 새신자 교사가 몸과 얼굴이 다른 쪽을 향하고 있다면 "나는 당신에게 완전히 집중하지 않고 있다"는 것을 의미한다.
둘째, 때때로 상대방을 향해 몸을 기울여 앉을 필요가 있다. 이는 이 대화에 관심이 있다는 것을 의미한다.
셋째, 시선을 통한 적절한 접촉을 할 필요가 있다. 한국 사람들은 대화할 때 시선을 맞추는 것을 부담스러워 할 경우가 있으나 가끔씩 밝은 눈과 부드러운 시선으로 새신자를 바라보는 것이 좋다.

② 경청
새신자와 대화할 때 자신의 말을 많이 하는 것은 오히려 친밀한 관계형성을 방해한다. 그러므로 듣는데 더욱 열정적이어야 한다. 그 방법으로는,

첫째, 적절히 고개를 끄덕여 주는 것이 좋다.
둘째, "아, 예", "그랬군요" 등을 고개의 끄덕임과 함께 사용하면 경청하고 있다는 느낌을 준다.

③ 기도
기도는 친밀한 관계형성의 지름길이다. 대부분의 새신자는 어떤 부족한 부분이나 또는 개인적인 문제를 가지고 있는 경우가 많이 있다. 그러므로 새신자를 만났을 때 특별한 관심을 보이는 것과 함께 기도 제목을 묻고 같이 기도해 주는 일이 꼭 필요하다.

3) 새신자 환영

새신자는 처음 만났을 때가 가장 중요하다. 방문자를 첫번에 붙잡지 못하면 75퍼센트 이상 놓치게 된다. 다음 항목들은 종교단체가 새신자를 얼마나 환영하고 있는 곳인지 점검하는 항목들이다.
① 충분한 주차 시설을 갖추고 있는가?
② 주차장 안내 요원이 있는가?
③ 성전 안내 표시가 있는가?
④ 성전 안내 위원은 있는가?
⑤ 새신자 지정 좌석이 있는가?
⑥ 새신자 옆에 새신자 담당 위원이 앉아 있는가?
⑦ 자신들이 만들어낸 주보가 새신자가 보아도 부담이 없는

가"
⑧ 서로 미소짓고 인사하고 있는가?
⑨ 새신자에게 환영의 표시(명찰, 꽃, 뱃지 등)를 하고 있는가?
⑩ 등록카드(컴퓨터 교적관리)를 기록하고 있는가?
⑪ 예배 중에 새신자 환영식을 하고 있는가?
⑫ 새신자 옆에 앉아 있는 담당 위원이 대화를 유도하고 있는가?
⑬ 법회나 예배 후에 다과 모임에 참석시키는가?
⑭ 그들 시설에 대한 안내를 실시하는가?
⑮ 유아실을 갖추고 있는가?

4) 새신자 교육방안

① 보는 교육
  새신자가 절이나 교회에 오면 여러 가지 상황과 분위기가 다르기 때문에 무엇인가를 관찰하려고 하며 본능적으로 분위기를 파악하려고 한다. 어린아이는 부모님의 일거일동, 분위기, 상황을 눈으로 보면서 자연스럽게 교육되어지는 것처럼 새신자들에게도 이론적인 학습보다도 더 영향을 주는 교육은 본을 보여주고 직접 눈으로 볼 수 있도록 실제적인 교육을 하는 것이 바람직하다. 새신자 교육을 단순히 말로만 하는 것보다 영상비디오, 각종 전시회, 성도의 모범, 예배의 모습을 보여주어 새신자가 직접 눈으로 보면서 도전을 받고 변화될 수

있도록 교육프로그램을 개발하는 것이 중요하다.

 부처님과 예수님의 교육법을 보면 눈으로 직접 볼 수 있는 시청각 교육을 통하여 교육의 효과를 얻는 모습을 볼 수 있다. 천국의 본질과 모습을 보여주기 위하여 밭에 감추인 보화 비유, 초청을 받은 잔치 비유, 겨자씨와 누룩 비유, 그물 비유 등을 실시하였다.

 또한 예수가 창조자이시며 하나님의 아들이심을 믿게 하기 위하여 물을 포도주로 변화시키는 사건, 오병이어의 기적과, 바다를 잔잔케 하시는 모습을 실제적으로 눈으로 볼 수 있도록 교육하셨다. 어떤 면에서 구약의 모든 사건과 상황은 영적인 어린아이 상태에 있는 이스라엘 백성들에게 그리스도의 성품과 사역, 구원 사건을 이루시는 하나님의 주권과 열심을 눈으로 직접 볼 수 있도록 상징적으로 그림으로 그려놓은 구원 사건의 작품으로 설명할 수 있다.

 불교에서도 마찬가지로 매일 아침마다 탁발하는 장면과 탁발 나갔다가 단나들을 대하는 모습, 신도들이 찾아와서 공양 대접을 하고 법문을 듣는 모습, 공양을 하고 난 다음에 옷과 발우를 거두고 발을 씻고 앉아 삼매에 드는 모습 등은 모두가 이것이 입단 전의 교육이자 삶의 지표다.

 그런데 대승불교에서는 절을 짓고 탑을 세우고 불상, 불화를 그리고 갖가지 재공의식을 통해 새신자 교육을 실시한다. 금강문, 일주문, 천왕문, 법왕문은 왜 세우고, 대웅전, 법당, 사리탑은 어떻게 다르고, 같은 불상 가운데서도 불상과 보살상, 신상은 어떻게 다른가, 불화는 어떻게 그리고 아침 저녁

예불은 어떻게 하는가를 보여줌으로써 시청각 교육을 하게 된다.

② 느끼게 하는 교육

새신자는 머리로 이해되어 순종하는 것보다 가슴으로 느껴질 때 순종하고 변화되어 진다. 가슴을 움직이지 못하는 법문이나 교육은 동기부여를 일으키지 못하고, 삶의 변화를 일으키지 못한다. 새신자는 지적인 교육보다는 가슴을 움직이는 감동, 느낌을 받았을 때 새로운 결심과 마음이 움직인다는 사실을 파악하고 새신자로 하여금 교회에 나와서 좋은 느낌과 감동, 새로운 사건을 접하면서 느낄 수 있는 교육프로그램을 개발하는 것이 필요하다.

구약성경에 보면 하나님께서 이스라엘 백성들에게 내가 너와 함께 하신다는 것을 피부로 느끼고 체득할 수 있도록 불기둥과 구름기둥 법궤, 성막을 만들어서 하나님을 직접 피부로 느낄 수 있도록 교육하셨다. 예수께서도 십자가와 부활의 모습을 실제적으로 느끼게 하기 위한 요나의 사건 모세가 광야에서 놋뱀을 만들어 장대 위에 매달린 사건 등을 실례로 들어 설명하였고, 자기가 하나님의 아들이심을 느끼게 해주기 위하여 각종 치유 사건, 초자연적인 기적 사건 등을 보여주셨다.

그런데 절에서는 새벽 3시부터 일어나 도량석을 하고 종·북·목어·운판을 치고 예불한 뒤 조용히 둘러앉아 참선을 한다. "나는 누구인가" 스스로 자기를 반성하면서 인생이 곧 호흡하나에 달려 있음을 인식시켜 새로운 각오로 인생을 살 수 있도록 지침을 설명한다.

　오늘날 새신자 교육이 너무 이론적이고, 관념론적으로 치우쳐 있는 것은 크게 반성해야 한다. 왜 새신자들이 불교 법문이나 교회 교육을 따분하게 여기고 잘 적응하지 못하고 있는지 깊이 연구하지 않으면 안된다.

③ 학습으로서의 교육

　새신자에게 너무 복잡하고 어려운 내용을 교육하려고 하지 말고 설정한 목표에 효과적으로 도달할 수 있도록 교육의 내용을 단순화시키고, 쉽게 순종할 수 있도록 교육하는 것이 좋다. 학습은 그 자체가 목적이 아니라 배운 대로 순종하여 설정해 놓은 목표에 도달할 수 있어야 하기 때문이다. 학습의 효율성과 효과적인 결과를 위하여 새신자가 수동적으로 참여하는 것이 아니라 능동적으로 교육현장에 참여할 수 있는 토의식 학습이 바람직하다. 학습의 결과는 쉽게 나타나지 않으므로 체계적이고 지속적인 교육으로써 제자 훈련의 내용과 방법을 새신자의 수준에 맞게 재구성하는 것이 좋다.

④ 삶에 적용하는 교육

　새신자는 본문이 주는 교훈이 무엇이며, 이 말씀을 어떻게 삶에 적용시켜야 하는지 잘 알지 못한다. 말씀의 능력은 지적으로 이해되었다고 나타나는 것이 아니라 그 말씀을 내 삶에 적용시킬 때 종교적 사랑을 맛보게 된다.

(2) 새법우 환영

사랑의 교회는 교회 등록 처에서 새신자 카드가 기록되면 담당 교역자에게 전달되고, 그 교역자는 한 주간이 지나기 전에 반드시 심방을 하도록 하고 있다. 구역 담당 교역자와 만난 새신자는 새가족 모임을 소개받아 교회에서 정한 시간과 장소에서 새신자 훈련을 받게 된다. 그리고 본인의 여건만 허락되면 교역자는 순장(평신도 지도자로서 다락방 모임을 인도하는 다른 교회 구역장 개념과 유사함)과 연결시켜 줌으로써 일주일에 한번 가정에서 소그룹으로 모여 성경 공부하는 다락방 모임에 참석할 기회를 갖게 된다.

이 다락방 모임을 통해서 새신자는 순장의 특별한 배려와 사랑으로 점차 말씀 중심의 신앙으로 성장하게 된다. 이 교회의 새가족 모임은 주일 오전 11시에 시작된다. 먼저 20분 동안 찬양과 율동의 시간을 통해서 서먹서먹하고 어색한 자리가 가능한 마음을 여는 편안한 분위기로 바뀌도록 최선을 다한다. 60분 동안의 강의는 설교 식으로 진행되며, 강의가 끝나면 5주 과정을 마친 수료생들과 개인 면담을 한다.

이때 평신도 자원봉사자들은 수료생과 함께 차 한잔을 나누면서 새가족 모임에 참석한 소감을 듣고 개별적인 관심 영역에서 훈련받고 봉사할 수 있도록 돕는다. 불교에서는 이점이 전무한 현상인데 능인선원 같은 곳에서 실천하여 큰 성과를 거두고 있다.

5주 과정의 새가족 모임의 교재 내용은 다음과 같다.

제1과:유일한 구원자 예수그리스도

기독교에서는 예수님만이 유일한 구원자심을 강조하고 예수님의 십자가 구속사건을 복음증거 형식으로 설명한다.

불교에서는 따로 유일한 구원자가 없고 스스로 깨달음으로써 자기자신이 구원자가 되는 것인데 그렇지 못했을 때는 부처님의 18불공법(不共法)이나 역대 선지식들의 구도행각을 보고 모델 삼아 공부하도록 지도하고 있다.

제2과:믿음이란 무엇인가?

믿음의 대상과 내용인 예수님과 부처님에 대해 다시 한번 강조하고 확인하는 시간이다. 믿음과 구원의 관계, 참 믿음을 소유한 자가 갖게 되는 축복 등을 설명한다.

불교에서의 믿음은 자기가 곧 부처인 것을 믿게 하고 자기가 이미 부처의 성품을 가지고 있다면 일체중생은 모두 부처의 성품을 똑같이 가지고 있으니 부처님의 말과 행동 생각에 의하여 상대를 부처님으로 보고 공경하라 가르친다.

제3과:어떻게 하면 신앙생활을 잘 할 수 있을까?

신앙생활을 변함없이 하기 위해 필요한 것과 주의할 것들을 설명한다. 신앙생활을 방해하는 것들을 지적하면서 아울러 적극적으로 신앙생활하기 위한 방법도 제시하는 시간이다.

불교에서는 초발심자경문이나 42장경, 법구경 같은 것을 통하여 스스로 신앙할 수 있는 방법을 가르친다.

제4과 성경은 하나님 말씀이고 불경은 부처님 말씀임을 깨닫게 한다.

성경의 저자, 주제 그리고 성경을 주신 목적들을 설명한다. 성경을 어떻게 읽을 것인가에 대한 자세한 안내 시간이기도 하다.

불교에서는 불전을 읽는 방법을 가르쳐주고 함께 참선 염불하는 방법을 익힌다. 대부분의 불전이 한문으로 되어 읽기 어려우나 함께 읽고 공부하다보면 무식한 사람이 유식하게 도어 지적 인간으로 승화된다.

제5과 교회와 절의 중요성을 강조한다

즉 기독교인은 교회의 일원이 되고 불교도는 절 안에서 하나의 법우가 된다는 것을 설명한다. 예배자의 자세등 교회론 중심의 강의와 사랑의 교회 목회현장을 소개하는 시간이다. 새롭게 태어난 성스러운 종교인들은 온전한 사회적 지도자로 세움을 받고 자신이 받은 구원의 감격을 가지고 나아가 복음을 전하는 증언의 사명을 다하여야 한다. 이를 위해서는 반드시 성도를 준비시키고 무장시켜 세상으로 보낼 수 있도록 재생산을 위한 프로그램이 필요하다. 사랑의 교회에서는 세례받은 지 3년이 지난 사람들은 평신도 지도자로서 목회 사역에 동참할 수 있는 헌신된 일꾼의 모습이 나타나게 된다.

불교에서도 계를 받으면 곧 포교사로써 사명을 갖게 한다.

화주 시주가 되어 곧 전선의 일을 몸소 하게 되기 때문이다.
　그러나 구체적으로 말씀을 가르치고 상담을 하기에는 부족한 점이 많아 다시 상당한 시간을 두고 사역 훈련을 받게 된다. 모두 2년 과정의 평신도 훈련을 마친 성도는 다락방에서 성경공부를 인도할 수 있는 준비를 갖추게 되고 비로소 순장으로 파송을 받게 된다. 많은 성도들이 전도는 목회자들이나 특별한 은사를 받은 사람들만의 사역으로 인식하고 있다.
　이로 인하여 기독교에서는 모든 성도들이 땅 끝까지 진리의 증인이 될 것을 다짐한다. 그러므로 사랑의 교회에서는 전 교인이 참여하는 대각성 전도집회를 연 1회 가진다. 이를 통해서 영혼의 귀중함을 의식하지 못하던 모든 성도들의 영적 각성이 일어난다. 담임지도자의 강의와 일주일 또는 법회날에 한번씩 모이는 법회를 통해서 성도들은 진리를 바라보는 신도의 마음을 배우고 복음 증거에 대한 강한 동기부여를 받게 된다.
　전도 대상자를 위한 기도 후원의 각오와 전도에 대한 영적 도전은 순장을 중심으로 말씀을 함께 나누는 동안 모임에 참석한 모든 사람들에게 전달되게 된다. 그뿐만 아니라 그룹이 갖고 있는 독특한 힘의 집중력 때문에 복음으로 무장되지 못한 성도일지라도 강권하시는 성령의 역사를 느끼게 된다. 주님을 처음 만난 새신자라 하더라도 자신이 만난 예수그리스도와 부처님을 소개할 수 있는 일꾼이 되도록 교육되어야 한다.
　불교에서는 이 몸이 법당이고 이 몸이 부처이며, 가정이 불당이고 가족이 도반이라는 사실과 국가가 곧 불교이고 국민이 곧 승가이며, 세계는 한 꽃이고 만민이 동체라는 사실을 일깨워주되 그러한 교육을 몸소 실천하고 연습하는 장소가 절이고 암자고 사찰, 포교당이라는 것을 일깨워준다.

또 기독교나 교회에서는 전도자로서 키우는 후속 교육의 하나로써 국제적인 행사에 동참하도록 유도한다. 이렇게 16주 과정의 일대일 전도훈련을 마친 성도는 언제 어디서든지 복음을 전할 준비를 갖추게 될 뿐만 아니라 매일의 삶 속에서 복음을 전하며 전도현장을 통해서 진리의 역사를 경험하는 성령 충만한 전도자로서 세상을 향하여 나가게 된다.

불교에서는 아직 국가적인 차원에서 교육을 실시하지 못하고 있기 때문에 국제적인 교육은 생각치도 못하고 있는 실정이다. 그러나 불교는 기독교와 같이 하나의 진리를 가지고 훈련하는 것을 좋아하지 않는다. 진리는 가르친다고 해서 알아지는 것이 아니기 때문이다.

"와서 들으라. 그리고 내가 한 말이 옳고 옳지 않는지는 각자가 경험을 통해 증득하도록 하라. 만약 나의 가르침이 옳으면 이를 쫓아 행동하라."

부처님은 이렇게 가르치고 있기 때문이다. 다만 세계 각국에는 많은 불적이 있어 가서 보기만 해도 저절로 신심이 나게 되어 있다. 구경하기를 좋아하는 불교도들은 성지순례를 참석하도록 하여 전법의 과정으로서 교육한다면 불교를 세계적인 종교로 성장시키는데 좋은 자량이 될 것으로 생각된다. 하여간 교육 수련 법회가 없이는 절대로 포교가 제대로 안된다는 사실을 강조하고 싶다.

7. 새신자 교육에 대한 제언

이상 새신자 학교에 있어서 불교와 기독교의 원리를 따라 대강 살펴보았다. 그리고 새신자 교육을 위한 프로그램으로 새신자 접촉법, 새신자 교사 양성 등에 대해서도 살펴보았다. 또 새신자 교육방안으로 보는 교육, 느끼게 하는 교육, 학습으로서의 교육, 삶에 적용하는 교육 등에 대해 언급하였다.

그러나 이 같은 내용은 결국 새신자를 어떻게 잘 교육시켜 교회나 절의 성장에 이바지할 것인가와 밀접한 관련이 있다고 본다. 따라서 신실하고 능력 있는 교사를 양성하여 새신자를 진심으로 환희영접(歡喜迎接)하고 돌보며 교육시키는 등 다양한 교육프로그램 등을 개발할 필요가 있을 것이다. 그러나 단지 새신자들을 모아 교회성장을 이루어보겠다는 얕은 생각으로 시각적인 프로그램에 치중한다면 오히려 새신자가 앞문으로 들어왔다가 뒷문으로 나가는 상황을 면치 못할 것이다.

예수께서는 12제자를 집중적으로 교육하시는 소수집중의 원리를 활용하셨고, 바울도 소수와 동역하면서 그들에게 집중적으로 관심을 가졌다. 그리고 부처님께서도 항상 1,250명과 함께 계시면서 새로 들어오는 사람들을 그들 속에 끼워 저절로 교육될 수 있도록 배려하였다는 사실을 기억해야 할 것이다. 따라서 새신자의 많고 적음을 생각하기 전에 각기 자기 형편에 맞는 프로그램을 개발하고 새신자들을 어떻게 행동으로 교육하고 말씀을 통하여 삶에 적용할 수 있도록 교육시킬 수 있을 것인가에 대해 보다 더 마음을 써야할 것이다. 이를 위해 몇 가지 실제적인 방안을 제시하고자 한다.

첫째, 새신자의 여건 고려

새신자들이 종교집회에 나올 때 어떤 문제에 봉착하게 되는지를 먼저 알아야 한다. 그리고 자신의 절이나 교회에 대한 입장만 생각할 것이 아니라 새신자 나름대로 가진 여러 가지 배경에 대해 관심을 가지며 거기에 따른 요구나 기대감에 따라 신축성 있게 적응할 수 있도록 도와주어야 한다. 절이나 교회가 이런 준비를 갖고 새신자를 기다릴 때 새신자는 편히 적응하여 올 것이다. 그리고 새로 들어온 신자가 처음부터 인격적인 대우를 받으면서 교주들께서 제자들을 교육하신 방법을 따라 교육되어진다면 가장 바람직한 교육이라 할 수 있을 것이다.

둘째, 평신도의 활용

수많은 새신자를 교역자 한 두 명이 맡아서 지도하기에는 새신자의 요구가 너무 크다. 그들의 기대감을 채워줄 수 있기 위해 준비는 역시 평신도 활용이다. 평신도와 교역자는 여러 가지 면에서 구분되어야 하지만, 적어도 새신자 육성을 위한 육성자로 활용함으로써 유기체로서 역동적인 교회상을 회복하고 점진적으로 평신도들의 역할을 확대시켜 갈 수 있을 것이다.

그러나 일대일로 교육받는 새신자는 교육자의 생활과 신앙에 많은 영향을 받게 되므로 교육자의 자격은 신중히 검토되어야 하며, 교역자의 진지한 지도를 받은 후에라야 육성의 사역에 임할 수 있게 해야한다.

셋째, 교육내용의 중요성

새신자를 가르치는 교리의 내용도 중요하다. 교리적으로 바른 지식으로 갖고서 성전을 접하고 기도하며 신앙의 틀을 형성할 때 불교와 기독교의 신앙 체계에 더 빨리 접근할 수 있게 될 것이다.

교리의 내용 중에서 새신자에게 가장 긴급한 사항은 성불론이고 구원론이다. 성불과 구원의 확신 가운데서 하나님의 자녀로서 진리의 아들로써 풍성한 은혜의 삶을 시작하게 하고 능력 있는 인격자로 장성하게 해주어야 한다.

넷째, 담임 선생의 관심

절에서나 교회에서는 그 누구보다도 먼저 담임 선생이 새신자 교육의 중요성을 깊이 인식하고 있어야 한다. 실제로 담임 선생이 새신자 교육을 얼마만큼 중요시하느냐에 따라 새신자 교육의 성패는 좌우된다. 부교역자나 교인들 중에서 아무리 새신자 교육의 중요성을 알고 그것의 실천을 위해 힘쓴다해도 지도자 자신이 적극 지원을 해주지 않는다면 성공을 할 수 없기 때문이다.

끝으로 새신자를 붙잡는 가장 효과적인 방법은 새신자가 절이나 교회에 들어왔을 때 포근함과 사랑을 피부로 느낄 수 있도록 관계를 강화시키는 일이며 이들을 위한 끊임없는 시도는 새신자를 기존신자로 만드는 가장 중요한 방법임을 명심해야 할 것이다.

이제 지도자와는 관계없이 스스로 자신의 깨달음에 의하여 전도 전법의 세계에 나아갔던 솔로몬 왕의 지혜와 아쇼카왕으 전법정신에 대하여 간단히 소개하겠다.

8. 솔로몬의 지혜와 아쇼카왕의 정법정신

(1) 솔로몬의 지혜

솔로몬 왕은 이 세상에서 가장 큰 명예와 권력과 사랑을 가진 분이다. 그런데 세상의 무상을 깨닫고 저 유명한 전도서를 써서 사람들의 마음을 깨우쳐 주었으니 진실로 큰 지혜인이라 아니할 수 없다.

그러나 그도 구부러진 것을 곧게 할 수 없고 이지러진 것을 셀 수 없음을 알고 미친 것 미련한 것을 바로 잡을 수 없었다.
　때로는 술로 육신을 즐겁게 해보고 색으로 쾌락을 취해보았으나 모두 그것이 허공에 바람을 잡는 것과 같은 것임을 알았다. 자신을 위하여 집을 짓고 못을 파고 노예를 사서 소와 양을 기르고 금은보배로 가무 처첩을 거느리고 지혜롭게 산다고 살았지만 그 모든 것이 허망한 것임을 깨닫고 심령으로 거듭나기를 희망했던 것이다.

　헛되고 헛되며 헛되고 헛되니
　모든 것이 헛되도다.
　사람이 해 아래서 수고하는 모든 수고가
　그대에게 무엇이 유익한고

　한 세대는 가고 한 세대는 오되
　땅은 영원히 있도다.
　해는 떴다 지며 그 떴던 곳으로 빨리 돌아가고
　바람은 남으로 불다가 북으로 돌이키며
　이리 돌고 저리 돌아 불던 곳으로 돌아가고

　모든 강물은 바다로 흐르되 바다를 채우지 못하며
　어느 곳으로 흐르는지 그리로 연하여 흐르느니라
　만물이 피고 짐은 사람이 다 말할 수 없나니
　눈은 보아도 족함이 없고
　귀는 들어도 차지 아니하는도다.

이미 있던 것이 후에 다시 있겠고
이미 할 일은 후에 다시 할지라
해 아래 새 것이 없나니

무엇을 가르켜 이르기를
보라, 이것이 새것이라 할 것이 있으랴.
본래 오래 전 세계에도 이미 있었느니라.
이전 세대를 기억함이 없나니
장래 세대도 그 후 세대를 기억함이 없으리라.

천하에 범사가 때가 있고
모든 목적이 이룰 때가 있나니
날 때가 있고
죽을 때가 있으며
심을 때가 있으며
심은 것을 뽑을 때가 있으며
죽을 때가 있고
치료시킬 때가 있으니
헐 때가 있고
세울 때가 있으며
울 때가 있고
웃을 때가 있으며
슬퍼할 때가 있고

춤출 때가 있으며
줄을 던져 버릴 때가 있고
줄을 거둘 때가 있으며
안을 때가 있고
안는 일을 멀리할 때가 있으며
찾을 때가 있고
잃을 때가 있으며
지킬 때가 있고
버릴 때가 있으며
찢을 때가 있고
꿰맬 때가 있으며
잠잠할 때가 있고
말할 때가 있으며
사랑할 때가 있고
미워할 때가 있으며
전쟁할 때가 있고
평화할 때가 있느니라.

아름다운 이름이 보배로운 기름보다 낫고
죽는 날이 출생하는 날보다 나으며
초상집에 가는 것이 잔칫집에 가는 것보다 낫고
슬픔이 웃음 보다 낫다.

일의 끝이 시작보다 낫고

참는 마음이 교만한 마음 보다 나으며
옛날이 오늘 보다 낫다.

(2) 아쇼카왕의 정법정신

 빈비사라왕의 아버지 전다라굽다왕은 서인도를 침범한 알렉산더대왕을 물리치고 3인도를 통일 희랍과 이집트와 교역을 텄는데 그의 아들 아쇼카왕은 전인도를 통일하고 전쟁의 비참함을 통감한 뒤 즉위 11년 수계신남(受戒信男)이 되어 사형수를 석방하고 살생을 금하고 수렵을 파기, 국민의 진상을 감하게 하였다.
 왕자 마힌다와 왕녀 승가밀다를 출가시켜 불법을 홍융케 하였으니 모두 이것은 개인의 영광을 위해서가 아니라 세계 평화와 인류의 행복을 위해서였다.

 한 가지 흙 속에서 뼈와 손톱 발톱 머리칼을 얻고
 물로 된 피와 살을 가진 사람이
 허공을 바람을 마시고
 전기를 일으켜 생명을 유지해 가는 사람이
 그 속에 갈무려진 마음의 도리를 깨닫지 못하므로
 피부색의 희고 검은 것과 거칠고 세밀한 것
 크고 작은 것을 따라
 거만하고 멸시함으로써

감정들이 그치지 않고
은혜와 원수가 함께 돌아가며
생존경쟁의 대열에서 약육강식하나니
참으로 슬프고 괴롭고 안타까운 일이다.

이 세상 오는 누가 죽기를 좋아하고 살기를 싫어하겠는가.
그런데도 사람들은 죽고 죽이는 것을 일삼고
먹고 먹히는 것으로 자랑하고 눈물짓나니
아, 슬프고 괴롭도다.
정법대관은 가는 곳마다
우물을 파서 목마른 사람들을 구제하고
다리를 놓아 건너지 못한 자들을 건너게 하고
글을 가르쳐 눈먼 자를 눈뜨게 하고
의약을 제공하여 병든 자를 치료하라.

죽게 된 사람이 살아나고
병든 사람이 건강하게 되고
어리석은 사람이 지혜롭게 되고
악한 사람이 착하게 되면
사바세계가 그대로 정토가 되고
지옥에서 곧 연꽃이 피리라.

힘이 없는 자는 힘을 의지해야 하고
지혜가 없는 자는 지혜 있는 자를 의지해야 하며

복이 없는 자는 복이 있는 자를 의지해야 하나니
세상사람들아 힘없는 자에게 힘이 되고

청소년 신앙지도 방안

1. 연구의 목적

　우리나라는 1960년대 이후 정치·경제·사회·문화 등 제 반분야에 걸쳐 급격한 성장을 이루게 되었다. 이러한 물질문명의 발전과정에서 인간성 및 정신적 가치를 소홀히 하게 되었으며, 청소년의 지도교육에 소홀히 해온 것만은 사실이다. 이러한 상황 속에서 청소년들은 건전한 가치관을 형성하지 못하고 더욱더 방황하게 되었고, 심각한 사회 문제를 야기시키고 있다. 오늘날 청소년 문제는 더욱 심각해져가고 있으며 폭행·절도·살인·강도·강간 등 폭행적인 것부터 마약·본드 흡입·가출·혼숙 등 비윤리적 탈선에 이르기까지 그 종류도 매우 다양하다.
　그러나 이러한 청소년 문제해결과 예방을 위해 국가적인 차원에서 청소년 전인적인 교육과 복지를 위한 뚜렷한 방안을 제시하지 못하고 있다. 그러므로 청소년의 영적 교육을 직접 담당하고 있는 종교 공동체는 책임과 역할이 더욱 막중하다고 생각이 된다.

따라서 본 연구는 이러한 시대적 상황을 염두에 두면서 먼저 청소년에 대한 이론적 측면을 고찰해 보고자 한다. 동시에 청소년 신앙 훈련을 중심한 지도 방안을 살펴본 후 이것을 토대로 하여 청소년 지도 방안을 제시하고자 한다.

본 연구는 문헌연구가 될 것이다. 먼저 제1장에서는 본 연구의 근간이 되는 것으로 문제의식과 청소년 신앙지도의 당위성을 제시한다. 제2장에서는 청소년에 대한 일반적 이해를 위해 청소년 개념과 특성을 살펴본다.

제3장에서는 청소년 지도 방안의 이론적 영역으로서 이 분야에 아주 뛰어난 신학자 로이 주크(Roy Zuk)가 제시한 "청소년 사역 목적"을 중심으로 검토해 본다. 제4장에서는 청소년 지도방안의 실천적 영역을 고찰해 본다. 여기서는 특히 미국과 캐나다 16개 교단이 합동 개발한 "협동 교육과정 기본 계획안"을 중심으로 살펴볼 것이다. 제5장에서는 이 연구의 끝을 맺는다.

2. 청소년의 일반적 개념

　청소년, 즉 adolescence라는 용어는 라틴어의 adolescere 에서 유래한 말로서 '성장하다', 또는 '성숙을 향해 가다'의 의미를 갖고 있다. 즉 청소년기는 아동기와 성인기 사이의 소위 "성숙 과정의 시기", "성숙은 완성되어 가고 있는 시기"라고 할 수 있으며, 또한 심신의 모든 부분이 아동의 상황으로부터 성인의 상황으로 옮겨지는 과도기라고 정의할 수 있다.
　심리학적으로 청소년은 종족 발생적으로 초기적인 단계의 반복이 끝나고 독일문학사에서 '질풍노도'(Strumund Drang)로 불리워 지는데, 실제로 이 시기의 청소년은 심한 불안과 갈등을 경험하게 된다. 생물학적 의미도 강하게 담고 있는 청소년이란 용어는 성장하는 상태에 있는 일정한 기간을 의미한다.
　이와는 달리 청소년을 사회학 혹은 문화인류학적으로 이해하려는 시도도 있다. 베내딕트(R. Benedict), 에릭슨(E. Erikson), 미 드(M. Mead) 등이 문화인류학적 연구를 통하여 청소년을 규명하는데 결정적인 공헌을 한 학자들이다. 그들은 "청소년의 문제는 현대 산업화의 산물이며 단순히 나이가 문제가 아니라 사회적 변화나 규준으로 특정 지어지는 독특한 시기이다"고 말한다. 사회학적으로 청소년의 연령기를 보면 타당하게 규정하기가 불가능하다. 왜냐하면, 사회의 특징에 따라서 청소년기가 단축될 수도 있고 길어질 수도 있기 때문이다.

정범모교수는 청소년이란 "사춘기와 청년기를 통칭하여 청소년이라 부르며 그 시기는 대략 12-14세 사이에 중·고·대학생 및 근고 청소년으로 구분하고 있으며, 한국의 법규는 민법은 20세 미만을, 아동복지법은 18세 미만을, 근로기준법도 18세 미만을 미성년 또는 보호 대상자로 선정하여 청소년으로 규정하고 있다.

김국환교수는 청소년기란 연령별로 구분하여 12-25세 사이의 아동기의 성인의 중간으로서의 의존시기에서 성인으로 독립을 시도하는 시기로서 취업이나 결혼 이전의 상태를 청소년기로 구분하고 있다.

청소년 교육을 위해서는 먼저 청소년들의 문제를 알고 그러기 위해서는 저들의 특성의 이해를 먼저하고 인격적인 만남과 대화의 시간을 충분히 가져야 한다.

(1) 신체적인 측면

청소년기의 신체적인 특징은 의복이 작아지는 시기로 어린이로서의 체위가 분해되어 어른스러워지는 급속한 신체적인 성장 단계에 걸쳐 있다. 청소년들의 몸집, 근육, 윤곽을 보면 남자의 경우는 우람차고 목소리도 변해지고 수염은 시커멓게 돋아나서 면도기의 신세를 지게되고, 여자의 경우는 피부가 발그레하니 고와지고 전신에 굴곡이 생기면서 여성다운 모습으로 변신해 간다.
 특히 이 시기에 있어서 숨길 수 없는 신체적인 특징은 성적으로 생식 기능이 이루어지고 있다고 하는 점이다. 따라서 어렸을 때는 잠자고 있던 선천적 요소가 표면에 뚜렷이 나타나면서 각자의 개성과 성격을 형성하면서 그 모양을 갖추어 나가게 된다.

(2) 심리적인 측면

 청소년기의 신체적인 급속한 성장은 비례적으로 심리적인 불안 요소를 수반하게 된다. 어린이로서의 꿈은 깨어지고 미지의 세계를 향해 어른이 되어 가는 여정에서 모든 신체적인 변화가 그들의 심리적인 부담감과 불안 요소로 나타나는 것이다. 뿐만 아니라 아직도 저들의 환경은 부모님들의 생활권 안에 들어 있기 때문에 심리적으로 독립하고자 하는 충동을 느끼게 되고, 기성 세대와 청소년 세대를 분리시켜 놓는 마음으로 항상 갈등 속에서 보내게 된다.
 여기서 그들은 같은 또래 끼리의 결집을 생각하게 되고, 막연하게 이성에 매력을 느끼고 동경하게 되면서 성 본능의 심리가 불안한 마음을 더욱 초조하게 가중시키기도 한다. 또한 감정이 예민해지면서 대수롭지 않은 작은 일에도 쉽게 감동되어 울기도 하고 그러다가 금방 또 웃기도 하면서 과민한 감정이 불안정한 기분으로 이끌어 간다.

반면에 현실적이기보다는 상상력에 매료되어 독서나 운동, 혹은 예능 방면에 심취할 때 어느덧 저들은 상상의 날개를 펴서 대가나 된 양 그 자신을 미래의 무대 위에 올려놓게 된다. 기욤(Paul Guil-laume)의 말처럼 인간의 특권이 지적 행동보다도 상상력이라고 한다면 청소년기는 인간 발달의 한 중요한 시기라고 말할 수 있다.

3. 청소년의 신앙지도 이론

13세 이후(종교기:Religious Stage)로는 종교에 대한 사고에서, 변화의 징후가 나타나기 시작하는데 이 시기의 청소년들은 진리를 상징적이고 추상적이며, 영적인 용어로서 이해하기 시작한다. 부처와 신의 본질은 하나님과 마음은 신령스러운 것이기 때문에 보이지 않고 또한 볼 수 없는 분으로 인식되어지며, 영적 대화는 인간의 육성 수단으로서가 아니고 인격 안에서 주관적이고 내적이며 정신적으로 이해한다.

성전 해석에 있어서는 비문자적 해석을 지향하게 되며, 비유적이고 시적인 소리로 인식하게 된다. 이와 병행해서 연대에 대한 사려 깊은 이해가 가능케 되어 성전의 개념적 발전을 이해할 수 있다. 또한 이 시기에는 하나님·예수, 악, 기도, 부처님, 절, 교회에 대하여 이해할 수 있고 종교에 관한 유아기적 사고로부터 성인개념으로 향하여 움직이고 있다.
 청소년은 종교에 대한 성인의 기성권위나 무조건적 복종 요구에 의하여 부정적인 태도를 취하게 된다. 그 이유는 종교적 가르침의 내용이 이미 유아시절에 들어왔던 사건들과 동일한 이야기를 청취하는 것에 대한 지루함과, 진리에 대해 너무 성인들이 의식적인 점을 추구함으로서 거절하고 있다. 따라서 골드만은 청소년들이 스스로 종교에 대한 욕구를 가질 수 있도록 조직화된 과학적이고 지적인 방법에 의해서 가르쳐야 한다고 주장하였다.

 진리의 말씀을 듣는 일과 여기에 응답하는 일 사이에 꼭 있어야 할 중간 연결 과정으로서 흔히 잊어버리기 쉬운 것은 이것을 생각하는 일이다. 성경이나 불경은 생각하는 일을 가끔 묵상 또는 기억이라고 표현하고 있다.
 그리스도인이 하나님의 말씀을 참으로 묵상하며, 그 의미를 되새기고 그 뜻을 자신의 삶에 연결시키기 위해 자신을 정신적으로 여기에 몰입시킨다면, 이는 성령의 조명과 변화를 위한 사역을 가장 결실 있는 방향으로 인도하는 길이 된다. 청소년은 반드시 사고와 탐구에 도전하되, 교실에서 보다 교회 활동에서 더욱 그렇게 해야한다. 청소년 세대는 항상 의문 지향적이며, 모든 관점을 탐구하고 싶은 열망을 지니고 있다.
 따라서 청소년 목표에는 다음 사항들이 포함되어야 한다.
 첫째, 청소년기 동안의 목적은 능력과 일치되는 성숙 단계에 맞추어 구성되어야 하며, 이 능력은 과거의 성장 위에 형성되고, 또한 현재의 체험과 욕구의 표현에 관련되어 있으며, 미래의 성장을 위한 준비여야 한다.

둘째, 청소년들이 종교적 진리를 그의 현재 상황과 체험에 연결시키는 일을 반드시 도울 수 있어야 한다.

셋째, 청소년 사역의 목표는 단순히 사실과 여러 가지 개념에 대한 이해와 암기 그리고 기억하는 차원을 넘어서 정신적 활동과 묵상에 참여할 수 있는 내용을 반드시 포함하고 있어야 한다. 진리의 말씀은 반드시 깊이 있게 심사 숙고 해야 하며, 또한 그대로 삶에 연관되어야 한다.

청소년 사역에 있어서 전체적 목적은 관계, 즉 학생과 진리, 깨달음, 성령, 성전, 교회와 사원, 자기 자신, 그리고 다른 사람들과의 관계라는 관점에서 설명된다. 쉬레이어(Schreyer)는 중학생 및 고등학생, 그리고 청년들을 위한 몇 가지 목표를 제의한다. 로이 주크(Roy Zuck)는 청소년 사역의 전체적 목적을 아주 뛰어나게 제시하였다.

(1) 청소년을 다음의 길로 인도한다

① 범부를 성현으로 영접하는 일
② 그들의 삶을 의롭게 만드는 일
③ 성령의 인도와 깨달음의 역사에 민감하게 되는 일
④ 종교인의 일원으로 참된 종교인이 되는 일

⑤ 종교의 세계적 전파에 참여하는 일
⑥ 종교를 위한 증인으로서의 삶을 감당함으로 다른 사람의 본이 되는 일
⑦ 자신의 시간과 재능, 그리고 돈에 대한 충실한 청지기가 되는 일
⑧ 자신의 여가 시간을 건전하게 활용하는 일

(2) 청소년의 다음 사항을 돕는다

① 진심으로 진리를 섬기는 일
② 성경에 나타난 진리에 관한 이들의 지식과 이해의 성장
③ 종교적 원리를 삶의 모든 영역과 관계 속에 적용하는 일
④ 개인적 성경공부와 예배 습관을 개발하는 일
⑤ 모든 결정에서 성인의 지혜를 깨닫고 이에 응답하는 일

4. 청소년의 신앙지도 방향

(1) 기독교적인 사고

골드만(Goldman)에 의하면 청소년은 기독교 신앙의 진리

를 이해할 수 있는 능력을 갖추게 되면 종교교육의 가르치는 내용과 방법에 의하여 삶에 영향을 받게 되므로 청소년들을 위한 종교교육이 종교적 또는 성서적인 주제로 출발해야 한다면, 그들의 욕구와 실제 삶의 경험이 역동적으로 연결되어야 한다. 그러므로 청소년 교육은 삶과 욕구에 관계하여 객관적이고 조직적인 방법으로 성서주제 생활주제를 가르칠 수 있다고 보았다.

골드만은 청소년을 위한 성서주제의 범위에 관련해서

첫째, 그리스도에 대한 생애로써 예수그리스도는 누구인가? 그리스도는 무엇을 가르쳤으며 무엇을 행하였는가를 통해 성서에 나타난 구원자와 현대사회의 구원자 등을 다룰 수 있으며,

둘째, 그리스도가 세상에 어떤 영향을 끼쳤는가에 대한 것으로 사도행전과 서신들, 기독교의 확장, 현대사회의 기독교적 기반 등을 가르쳐줄 수 있고,

셋째, 우리가 무엇으로부터 구원받을 필요가 있는가 하는 등을 다룰 수 있다.

따라서 청소년의 성서교육은 성서의 경험을 현대의 경험에로 연결하여 계속적으로 가르쳐야 한다. 그러나 이러한 내용의 영역들이 청소년들에게 너무 추상적이거나 학문적이 되지 않도록 고려해야 한다고 하였다.

골드만은 인간 실존의 삶과 구체적 연결을 지우면서 성서주제의 또 다른 유형을 제안하고 있다.

첫째, 고통의 문제를 어떻게 보고 있는가?

둘째, 죽음에 대한 성서적 관점은 무엇인가?
셋째, 무엇이 옳고 그른가?
넷째, 사랑의 종류는?

골드만은 이외에도 용서, 구원, 결혼, 종, 기도, 율법, 인간, 하나님과의 교제 등의 주제들을 나타내고 있으며, 이것은 인간이 직면했고 답변을 구했던 지배적인 문제들이라고 하였다.

골드만은 생활주제로 청소년의 삶의 주변에서 일어나는 여러 가지 사건들과 일들을 성서를 통하여 조명하는 것으로서 우정, 성, 결혼, 예절, 돈, 일, 여가, 기도, 고통, 죽음을 나타내 주고 있다. 그러므로 가장 밀접한 인간관계를 포함한 생생한 삶과 문제들이 종교적 상황, 종교적 가치관과 함께 다루어지지 않는다면 종교교육은 청소년들에게 부적절한 것이 될 것이다.

그러면 이러한 관점에서 볼 때 오늘의 한국 기독교 청소년을 위한 교육의 내용은 어떠해야 하겠는가. 본 조사연구의 결과분석을 기초로 하여 청소년들에게 종교적 개념에 따른 취급되어져야 할 영역을 제시하고자 한다.

성서의 역사적 배경과 그런 시대배경을 무대로 삼고 출현한 영웅들의 이야기와 성서가 어떻게 형성되어 왔는가를 이해할 수 있도록 성서문학의 역사적 배경을 중심으로 성서의 형성과정과 권위, 그리고 성서의 중심내용, 성서와 세계 등 우리 생활과의 밀접한 관련성을 이해할 수 있도록 다루어져야 할 것이다.

하나님은 어떤 분이시며 어떻게 자신을 인간에게 나타내 보이셨는가에 대하여 예수그리스도를 통한 구속적 활동과 사랑을 중심으로 알게 하고 시대의 흐름 속에서 역사 하시는 하나님의 실제를 실감케 하여 하나님이 인간 역사 속에서 어떻게 관련되어 왔는가를 발견할 수 있도록 고려되어야 한다.

골드만은 이 시기를 신의 개념과 관련해서 특별히 그리스도론에 초점을 둔 교육의 가능성을 제안하고 있다. 따라서 골드만이 제시한 예수그리스도에 관한 성서적 주제를 포함하여 예수그리스도와의 실존적 만남이 이루어질 수 있도록 필요한 모든 것이 취급되어져야 한다.

근본적으로 하나님과 대화로서의 기도의 의미와 중요성을 깨닫게 하여 자신의 느낌이나 희망, 기도하는 요건 등에 대하여 자유롭게 하나님을 향하여 표현하도록 이끌어 주어야 한다. 또한 이타적인 기도의 내용으로서 이웃과 세계, 친구를 위한 기도의 훈련이 필요하며 자아정립을 위해 정신적 지주를 찾으려는 청소년들에게 하나님을 신뢰할 수 있는 분위기와 예수그리스도를 바탕으로 자아정체성을 확립하고 서로의 관심을 일깨워주는 교육적 프로그램을 제공해야 한다.

교회는 구원받는 하나님 백성의 신앙공동체로서 구속적 친교관계의 개념과 교회와 그리스도의 관계성을 다룰 수 있으며, 교회의 형태와 교회사를 통하여 사회 속에서의 교회의 역할과 흩어지는 교회로서의 선교의 의미를 가르쳐줄 수 있어야 한다.

2) 전통적 예배의식 참여

1964년 4월3일에 완성된 협동교육과정기본계획안(C.C.P)은 다음과 같다.

하나님의 성품이나 행위, 말씀 등에 집중함으로서 하나님의 크심을 높이고 찬양하며, 하나님을 기쁘시게 하기 위한 인간이 가지는 가장 성스러운 하나님과의 교제이며, 최고의 행위인 예배는 개개의 교회 특성에 맞게 여러 형태로 드려질 수 있다.

각 교회에서 드려지는 설교 중심의 예배 형태도 물론 중요하지만 청소년에게 요구되어지는 특별예배로 주일날 아침 교회에서 드리던 예배를 가까운 산에 올라가서 드려보는 산상예배, 특색 있는 헌신예배, 시와 찬미의 예배 등을 들 수 있겠다.

교회에서 행하는 성례의식은 세례와 성찬이 있는데 대부분의 교회가 일년에 2번 정도 거행한다. 세례는 교인이 회개하여 그리스도의 이름으로 죄 사함을 받아 거듭나므로 하나님의 자녀 됨을 증거하는 예전이고, 성찬은 우리의 속죄제물 되신 예수그리스도의 살과 피를 기념함으로 주님과 더욱 친밀하여

지고 구속하신 은혜에 감사하는 뜻이 있다. 그러므로 구원의 확신을 가진 청소년들은 이 의식에 참여하여 하나님의 자녀 됨을 확인하고 구속하신 은혜에 감사할 수 있어야 한다.

3) 신앙 활동을 통한 신앙지도

그리스도인에게 있어서 기도의 중요성은 강조할 필요도 없는 것이다. 기도에 대하여 많이 배우고 듣는 것보다 더 좋은 방법은 실제로 기도하는 것으로 청소년으로 하여금 최소한 10분 이상 매일 기도하게끔 하여 지속적인 기도생활을 하고 확신을 갖고 살아갈 수 있게 한다.
① 기도해야 하는 이유(겔 36:37)
② 기도자의 자세(시 10:17, 행 1:24)
③ 응답 받는 기도(눅 17:17-19, 눅 18:7)
④ 기도의 실제 훈련

전도는 하나님께서 기독교인들에게 요청하시는 가장 무겁고 중요한 사명으로, 그 종류는 대중전도, 개인전도, 소집단전도, 방문전도, 가정전도 등 여러 가지다. 이러한 전도형태도 중요하지만, 여기서 청소년들에게 요구되어지는 전도형태는 비 기독 청소년들을 그리스도에게로 인도하는 가장 훌륭한 수단중의 하나로 전도자가 그리스도인다운 삶을 살고 또 보여주는 것이다. 믿지 않는 청소년들이 믿는 청소년들의 말과 행동 면에서 일치하지 못하는 것을 보고 기독교에 등을 돌리는 경우가 종종 있기 때문이다.

 청지기 직분의 원리는 하나님은 모든 것의 주인이시오 인간은 하나님께서 위탁한 것을 결산하는 날이 있다는 것이다. 그리스도인들이 하나님께로부터 위임받은 것들은 사람이 살아가는 과정에서 직면하는 모든 것에 다 포함되어 있지만, 그 중에서도 가장 대표적인 것이 생명, 시간, 재능임을 알게 한다. 청지기의 중요성은 하나님의 주권성을 인정하는 충성된 생활이다(고전 4:2, 대상 29:11). 자신의 가능성을 개발하고 발전시키는 생활이 되어야 한다(눅 1:9, 16-17).

3) 가정활동을 통한 신앙공동체 가정형성

 가정은 무한한 가능성을 지니고 있는 생활의 터전으로, 예수그리스도를 중심으로 하는 가정에서 가장 필요한 것은 가정예배이다. 전 가족이 한 방에 둘러앉아 찬송 부르며 어머니의 기도와 아버지의 설교를 통해 하나님께 영광 돌리는 예배 형태야말로 가정이 가정다워지며, 화목이 이루어지는 축복의 장소가 아니겠는가. 장시간을 요하지 않고 간단하게 Q.T.를 나누는 것도 좋겠다.

 가정은 하나님, 사랑, 인간이라는 세 가지 요소로 이루어진 믿음의 공동체이다. 그러므로 그리스도인들은 그들의 가정을 통해 하나님의 뜻을 이루어 나가며 하나님께 영광 돌리는 가정으로 이끌어져야 할 책임과 의무가 있다. 주말을 이용하여 온 가족이 모여 다과를 나누면서 지나간 일주일을 정리하고 특별히 기독 청소년으로 행동하는데 있어 힘겨웠던 점을 청소년들이 가정 안에서 대화하고, 신앙의 장을 열 수 있도록 함은 매우 중요한 일이다.

청소년이 학교생활에서, 신앙생활에서 또한 친구관계로 인해 어려움을 겪고 있을 때 가족 전체가 모여 기도함으로 힘을 얻고 위로를 받게 한다.

전 교인 체육대회를 통해 공동체 의식을 경험하며 함께 활동하면서 서로(3세대)에게 영향을 줄 수 있는 학습이 되도록 한다.

2박3일 내지 3박4일간의 공동생활 프로그램을 제공하여 그리스도인으로서 친교와 사랑의 경험을 통해 연합하여 온 백성으로 세우기 위함이다.
① 생활 내용 서로 나누기
② 서로 어려운 문제 나누기
③ 함께 음식 나누기
④ 함께 기도하기
⑤ 인간 관계 훈련

하나님의 성품이나 행위, 말씀 등에 집중함으로서 하나님의 크심을 높이고 찬양하며 하나님을 기쁘시게 하기 위한 인간이 가지는 가장 성스러운 하나님과의 교제이며 최고의 행위가 곧 찬양이다. 그러므로 온 가족이 함께 연습하고 준비한 찬양을 드리는 것은 무엇보다도 중요한 의의를 갖는다.

개교회의 예배 형태를 보면 영아부, 유아부, 유년부, 소년부, 중고등부, 대학부, 장년부 등 각각 구분해서 예배를 드리는데 총동원 주일, 혹은 어린이주일 예배 등에 있어서는 연합으로 드리는 것도 좋을 듯하다.

예를 들어, 온 가족이 함께 드리는 어린이주일 예배는 어린이주일을 맞이하여 전 교인이 어린이들에게 꿈을 심어주며 부모님의 사랑을 깊이 깨닫게 하고, 교회, 공동체 전체가 생명의 근원 된 가정에 대한 관심을 가지며, 가정에서 각자의 경험과 교회에서의 공동의 경험이 직접 연결되어 어린이와 온 가족이 함께 예배 드리므로 가족 공동체의 기쁨을 나눌 수 있다.

4) 초교파적 행사의 참여

기독학생이 현실에서 신앙과 가장 많은 갈등을 느끼는 모든 문제를 수렴해서 세미나를 통해 확신을 얻으며, 이 땅에 살면서 어떤 분야에서 하나님의 뜻을 이루어가고 문화적인 사명을 완수하여 하나님 나라를 확장할 수 있을 것인가를 모색한다.

나라를 위해 또는 신앙을 지키기 위해 순교한 유적지 등을 찾아가 산 교육을 얻는다.

청소년의 건전한 인격형성을 목적으로 학교 및 교회에서의 갈등, 교육적 과제, 사회제반 문제 등 청소년 관련 자료를 모두 포함시킨다.

6) 사랑과 친교를 통한 교제 형성

입학, 졸업, 생일, 질병 등을 당한 청소년을 위로하고 축하한다.

봄방학을 이용하여 단합을 위한 목적으로 전체, 혹은 반별로 교사와 학생들이 교제할 수 있는 기회를 갖게 한다.

청소년들이 모여 아래와 같은 내용으로 신앙간증의 밤을 보낼 수 있다.
① 나는 왜 예수 믿게 되었나?
② 교회에 오면 무엇이 좋은가?
③ 기독학생으로서의 보람은?
④ 한해 동안 전도한 상황은?
⑤ 언제 성경보고 언제 기도하나?

문학의 밤은 다양한 프로그램을 하나로 묶어내는 작업이다.

이 작업은 시, 수필, 찬양 및 독주, 그리고 전시회, 바자회에 이르기까지 출연자를 선정하고 그들의 소양을 가다듬고 격려하여 작품화하는 과정을 가리킨다. 이러한 준비과정을 통해 청소년들은 자기의 재능을 개발하고 취미의 영역을 넓혀 가는 것이다. 또한 프로그램을 통해 협동적인 인간관계를 배우며 상호존중과 조화를 터득한다.

교회의 수련회는 일반 캠프와는 달리 영적인 목적을 중요시하며 진행된다. 그러므로 수련회를 통해 그리스도를 개인의 구주로 모시지 못한 청소년들에게 개인의 구주로 모시고 믿음 안에서 승리의 생활을 할 수 있도록 도우며, 물질문명, 과학 발달로 인해 메마르기 쉬운 정서적, 정신적 건강을 회복시켜 그리스도와의 인격적 교제가 이루어지도록 한다. 또한 공동체 생활 속에서 협동, 봉사능력을 개발하고 사회적 책임감을 고취시켜준다.

공휴일 등을 이용하여 청소년들은 자신들의 가까운 친구들을 초청하여 함께 동반하는 과정 속에서 그들로 하여금 공동체 의식을 경험하게 한다.

어버이 주일을 전후해서 양로원을 방문하여 꽃을 달아드리고 정성된 위문품을 전달하며 감사의 시간을 갖는다. 또한 연말보다는 부활절이나 추수감사절을 전후해서 고아원이나 보육원 등을 방문해서 형식적인 행사보다는 같이 대화하고 뛰어놀며 일체감을 갖는다.

(2) 불교적인 사고

1) 일상의식을 통한 신앙지도

　불교도 기독교와같이 성전의 주제를 따라 교육 내용을 정하고 불경에 대한 개념을 확실히 한 뒤 부처님과 부처님께서 깨달으신 진리를 바르게 이해시키고 선·염불·진언·기도·절에 대한 개념을 익히도록 한다. 또 전통적인 예불의식에 참여시켜 참회, 수계하고 신앙활동을 통해 바른 정신을 지도한다. 3일 7일 3·7일 49일 백일 등 다양한 기도법회와 화주 시주를 통해 권선행을 하고, 가정 속에서 예불 드리고 참선하고 염불·독경하며 신앙경험을 얻게 하며 개인 혹은 단체를 통해 찬불 공양의식을 갖는다.
　4·8일 부처님 탄생일이나 12월 8일 부처님 성도재일을 맞이하여 부처님께서 이 세상에 태어나신 의미를 되찾고 부처님께서 깨달으신 진리가 무엇인가를 재삼 인식하며 그렇게 큰깨달음을 얻으신 분이 맨발로 온 세계를 유랑하며 무소유 정신으로 포교하였던 이유를 되새겨 본다.
　때로는 야유회, 성지순례, 수련대회, 등산대회를 통해 스스로의 신앙을 다른 사람들과 비교해 볼 수 있는 시간을 가지고, 시·소설·희곡 등 다양한 문학세계와 범패·범무·그

림·글씨를 통한 예술활동으로 정서적 건강을 길러가도록 한
다.

 그러나 청소년 시절 가장 중요한 것은 친구요 도반이다. 싱
갈로 바다로가 아버지의 유언을 따라 6방에 예배드리고 있을
때 부처님은 그 6방을 의미는 부모, 스승, 종교인, 아내와 남
편, 자식, 노예 여섯 곳으로 나누어 설명하여 가정생활과 사
회생활을 어떻게 할 것인가를 가르쳤고, 거짓말 잘하는 아들
라훌라와 여인만을 생각하고 공부하지 않고 빈둥빈둥 놀기만
하던 난다를 위해 여러 가지 비유를 들어 그들을 친히 깨닫게
하였다.
 그러므로 여기서는 실제적인 사건 몇 가지를 소개하여 공부
하는 이들로 하여금 참고가 되게 하였다. 청소년에 대한 일반
적 개념이나 신앙지도 이론과 실제는 이미 위에서 설명한 바
와 큰 차이가 없기 때문이다.

 2) 부처님의 지도 방법

  ① 싱갈로 바다야와 육방예경
 부처님께서 왕사성 죽림정사에 계실 때 성안에 사는 싱갈로
바다야는 한 부유한 거사의 아들로 매일 이른 아침이 되면 옷
과 머리를 깨끗이 하고 성밖에 나아가 목욕하고 동·서·남·
북·상·하를 향하여 예배를 하였다.
 부처님께서 하루는 탁발하러 갔다가 우연히 그것을 보고 물

었다.

"무엇 때문에 그렇게 하느냐?"

"부처님, 저의 아버지께서 임종시에 그렇게 하라고 유언했기 때문입니다."

"성자의 율에서는 그렇게 의미 없는 것은 없다."

"그럼 어떻게 하면 좋겠습니까?"

"성자의 길을 가는 자는 마땅히 네 가지 업구를 떠나고 네 가지 이유 때문에 악업을 하지 않고 재물을 상실하는 여섯 가지 원인을 행하지 아니하면 열 가지 죄악에서 벗어나 6방을 잘 지킨 것이 된다. 그러면 네 가지 업구란 무엇인가?

첫째, 생명 있는 것을 해치는 것이고,

둘째, 도적질 하는 것이고,

셋째, 천한 욕정을 쫓는 것이고

넷째, 거짓된 말을 하는 것이다.

그리고 다시 네 가지 이유는

① 탐욕

② 진애

③ 우치

④ 공포이며,

여섯 가지 원인은,

① 음주에 빠져 방일에 흐르는 것,

② 길가에서 장난치고 목적 없이 돌아다니는 것,

③ 남의 제삿집에 가서 도박하고

④ 저급한 일에 만족하고

⑤ 나쁜 동무와 사귀고
⑥ 게으른 것이 그것이다.

싱갈로 바다야, 술에 빠져 방일하면 저축을 잃고 싸움만 늘어나게 하고 병의 원인을 낳고 명예를 손상시키며 숨겨야 할 곳을 나타내고 지혜를 경감시키는 여섯 가지 화가 있다.

또 때 아닌 때 길가에서 장난하고 목적 없이 돌아다니면 자신에게나 그의 처자에게 재산에 대한 보호가 없게 되고 나쁜 일이 있으면 의심을 받게 되고 실제 그렇지 않은 말썽이 그에게 생기고 많은 괴로움의 법이 그를 둘러싸게 되는 등 여섯 가지 화가 있게 된다.

싱갈로 바다야, 제예의 객석에 들어가 시간 가는 줄 모르고 지내면 어디에 춤이 있나, 어디에 노래가 있나, 어디에 먹을 것이 있나 그런 것을 구하기 위해 헤매며, 재물과 시간을 잃고 또 도박에 정신이 빠지면 이길 때는 원한을 만들고 얻은 재물을 잃을까 두려워 마음에 근심이 생기고, 실질적 저축을 잃고, 법당에 들어가면 그의 말을 믿는 사람이 없고 벗은 그를 업신여기며, 혼인을 거절당하여 도박꾼은 아내를 얻을 자격이 없다 비난받는다.

또 나쁜 친구와 사귀면 자신도 악에 물들어 교활하고 남의 것을 탐하여 속이고 포악한 나쁜 친구들과 같이 되고, 게으름에 젖으면 사사건건 구실을 만들어 추우면 춥다 더우면 덥다 이르면 일다 늦으면 늦다 혹은 배고프다 배부르다 하여 업무에 등한하여 마침내 이익이 떨어져간다. 그러므로 이러한 화를 입는 사람은 마땅히 의로움을 잃어 행복을 도둑맞게 된다.

그러나 싱갈로 바다야, 다음과 같은 사람은 사실은 원수지만 벗과 비슷한 자임을 알라.
① 무엇이든지 가지고 가는 자,
② 말이 교만한 자,
③ 감언이설이 많은 자,
④ 방탕의 반려가 되는 자이다.

첫째, 무엇이든지 가져가는 사람은 종류를 가리지 않고 가져가고 작은 것을 주고, 큰 것을 얻으려 하고 두려움에서 일을 하고 사리사욕만 위해서 일한다.

둘째, 말이 교묘한 자는 과거 미래에 우정이 있는 듯이 가장하고 무의미한 애교를 부리면서 일단 해야할 일이 눈앞에 닥쳐오면 곧 모양이 변한다.

셋째, 감언이설이 많은 자는 다만 상대방의 나쁜 일에만 보조를 맞추고 좋은 일에는 동의하지 않고, 그 사람 앞에서는 칭찬하고 돌아서면 비웃는다.

넷째, 방탕의 길동무가 되는 자는 술에 빠져 헤어나지 못하고 돌아다닐 때 좋은 벗이 되며, 때 아닌 때 돌아다니고 제예무용의 객석에 들어가 시간가는 줄 모르며, 도박장에서 가까운 벗이 된다. 이러한 네 가지 사람들을 어진 사람들은 적이라 미리 알고 그들을 멀리 피한다.

그러나 싱갈로 바다야, 다음의 네 종류는 마음씨가 착한 사람들이다.
① 힘센 후원자
② 즐거우나 괴로우나 항상 변하지 않는 자

③ 착한 말만 하는 자
④ 동정이 있는 자이다.

첫째, 힘센 후원자가 되는 자는 친구가 곤경에 처했을 때 그의 재산을 지켜주고, 두려워할 때 비호자가 되어주며, 필요할 때는 내가 필요로 하는 두 배 이상의 재산이라도 줄 것이다.

둘째, 즐거우나 괴로우나 변하지 않는 벗이란 자기의 비밀을 말해주고 그가 간직한 비밀을 숨겨주고 궁핍할 때도 버리지 않고 친구의 이익을 위해서는 목숨까지도 버릴 수 있는 벗이다.

셋째, 착한 말만 하는 벗이란, 죄가 생기는 것을 막고 선한 일을 행하게 하고 아직 듣지 못한 것을 듣게 하고 하늘나라 길을 가르친다.

넷째, 동정 있는 벗은 친구가 쇠약했을 때 기뻐하지 않고 그의 융성을 기뻐하며 비방하는 사람을 막아내고 찬양하는 사람을 칭찬한다.

이와 같은 네 가지 벗은 실로 내 벗이라고 어진 사람은 미리 알고 이러한 벗들에게 봉사한다.

싱갈로 바다야, 성자의 율로서 6방이라 함은 동방은 부모, 남방은 스승, 서방은 처자, 북방은 붕우, 하방은 노예, 상방은 사문이라 이해된다.

동방의 아버지는 자식들에 의해 부양된다. 양육을 맡은 우리는 양친을 부양하고 양친을 위해서 일하고 집안에서 가축들을 상속함과 더불어 그 상속을 바로 하고, 또 모든 돌아가신 선조의 영에 대하여 때에 따라 공물을 바친다. 그렇게 아이들에 의하여 봉양 받는 부모는 자식들을 사랑하는 까닭에 그 자식들을 죄악으로부터 멀리하고 착한 일을 행하게 하고 기능을 훈련시키며 적당한 배우자를 맞아 시기를 알아 양도시킨다. 이와 같이 하여 동방은 수호되고 안온하여 포외(怖畏)가 있을 수 없다.

남방의 스승은 제자에 의하여 봉사된다. 서서 절하고 가까이 섬겨 순종과 급사(給事)를 받는다. 또 스승은 좋은 훈련법으로 제자를 가르치고 지켜지고 있는 것을 잘 지켜지게 하며, 모든 학예를 습득케 하여 친구들과 아는 사람들 사이에서 칭찬을 받으므로 남방은 수호되며 안온하고 두려움이 없이 된다.

서방의 처자는 남편에 의해서 봉사된다. 남편은 경의와 예의와 불사(不邪)함과 권위를 주고, 또 장식품을 준다. 반대로 아내는 가정을 잘 정돈하고 일꾼들에게 친절하고 정숙하며 재산을 잘 지키고 모든 일에 대해 교묘하며 또 근면하다.

북방의 붕우는 좋은 집안의 제자들에 의해서 봉사된다. 보시에 의하여, 좋은 말에 의하여, 좋은 행에 의하여, 협동 정신에 의해서 서로서로 봉사된다. 따라서 그는 좋은 가문의 자제들을 사랑하여야 한다. 곤경에 처했을 때 재산을 지켜주고 두려워할 때 비호자가 되며, 곤궁할 때 버리지 않고 그 밖의 동족도 함께 존중한다.

하방의 노예는 주인에 의하여 봉사된다. 힘에 따라 적당한 일을 주고 양식과 급부를 주며 병이 났을 때는 약을 주어 위

청소년 신앙지도 방안 175

로하고 맛있는 음식을 주고 휴식을 주어 편히 쉬게 하되 마음에 불안함이 없도록 해야 한다. 반대로 노예는 주인을 존경해야 한다. 아침이면 주인보다 먼저 일어나고 밤에는 나중에 자리에 누우며 주어진 물건만 받고 그 일을 잘 하고 그 주인의 명예와 칭찬을 제고해 주어야 한다.

끝으로 상방의 사문은 모든 사람들에 의해서 봉사된다. 친절한 행동, 친절한 마음에 의하여 문호를 닫지 않고 음식물을 준다. 반대로 사문은 모든 선을 행하게 하고 착한 마음으로 사랑하고 확실하게 하고 또 천상에 나는 길을 인도한다.

이와 같이 해서 상방은 수호되고 안온하고 두려움이 없다."

상갈로 바다야는 생전 처음 듣는 이 거룩한 성자의 말씀을 진심으로 받들고 다음부터는 그러한 형식적인 예의보다는 진실한 행동으로써 6방을 지켜 모두 안온하고 두려움이 없게 하였다.

② 라훌라의 교육

부처님은 카필라성에 돌아온 지 제7일이 되던 날 많은 비구들에게 에워싸여 카필라성으로 들어갔다. 야소다라는 그의 열두 살난 라훌라를 데리고 높은 누에 올라 이 광경을 보고 있다가 말하였다.

"저기 저 분, 뭇별들 가운데 달처럼 빛나는 분, 저 분이 바로 네 아버지다. 가서 유산을 상속받도록 하여라."

그래서 라훌라는 그의 어머니의 말씀을 듣고 기뻐하며 급히 계단을 내려와 거리로 나와 비구스님들을 헤치고 부처님 앞에

다가가서 그의 소매를 잡고 유산을 상속시켜 달라고했다. 부처님은 이 말을 듣고
"이 아이는 아버지에게 세상의 재물을 요구하고 있으나 그 재물은 정처 없고 고뇌를 일으키는 것이니 내가 보리도량에서 깨달은 최고의 법재를 상속시켜 주리라."
하고 사리풋다에게 부탁하여 사미(沙彌)를 만들었다.
'사미'란 사라마나라(saramanera)의 인도 말을 한문으로 음역한 것인데 번뇌를 쉬고 자비를 기르는 자(息慈), 악을 그친 자(息惡), 자비를 행하는 자(行慈), 부지런히 계율을 닦는 자(勤策男)의 뜻으로 장차 사문(沙門)의 후보자이다. 출가는 했지만 아직 비구가 될만한 역량이 없으므로 예비사문으로 측정한 것인데 불교교단에서 이렇게 나이 어린 사미가 출가하기는 라훌라가 처음이다.

사실 출가만이 불법수행의 필수조건은 아니다. 유마경의 말씀과 같이 속인이라도 사문의 청정한 율의를 받들어 가지고, 집에 있다 할지라도 3계에 집착하지 않으며, 처자와 함께 살더라도 항상 범행을 닦고, 권속이 있어도 멀리 떠나 있고, 보석으로 꾸민 옷을 입더라도 상호로써 몸을 단장하고, 또 음식을 선열(禪悅)로써 맛을 삼고, 놀이하고 유희하는데 끼어도 사람을 제도하고, 여러 가지 다른 도(道)와 함께 하여도 바른 믿음을 잃지 않고, 세속의 여러 학문을 익혀도 불법으로 즐길 수만 있다면 구태어 출가할 필요가 없는 것이다.
그러나 욕망이란 악마의 함정과 같아서 한번 빠지면 헤어

기 어려우므로 일체의 모든 것을 버리고, 세속의 모든 습관을 버리고 출세간에 들면 욕망의 지배를 항거하기 쉽기 때문이다. 그러므로 버리는 것을 얻기 위한 것이고, 이탈하는 것을 포섭하기 위한 것이지 결코 도피가 아니고 은둔이 아니다. 만일 도피하고 은둔함을 일삼아 출가한다면 이는 진실로 불법을 욕되게 하는 것이다.

아버지 부처님의 정신적 유산을 받기 위해 출가한 라홀라는 나이가 너무 어렸기 때문에 수행상 여러 가지 고통을 겪게 되었다. 나이가 어려 하루에 한 끼만 먹고는 도저히 견딜수가 없었고, 또 집 없이 산림을 은거지로 하는 출가 스님들 사이에 끼어 때로는 부처님께서 사용하는 화장실 안에서 밤을 새기도 하고 때로는 남의 방에 들어가 자기도 하여 이로부터 일일이식계(一日二食戒)와 사미와 함께 자지 말라는 신사미동행계(愼沙彌同行戒)가 생기게 되었다.

또 라홀라는 종종 장난 삼아 거짓말을 했는데 그 때문에 부처님을 만나러 왔다가 골탕을 먹는 사람들이 적지 않아 이로부터 거짓말을 하지 말라는 망어계(妄語戒)가 생기게 되었다 한다.

한번은 부처님께서 죽림정사에 계셨는데 라홀라는 그 부근 온천 가까운 곳에 있었다. 어떤 사람이 부처님을 방문코자 부처님의 계신 곳을 물으니 엉뚱한 곳으로 가르쳐 주어 매우 피곤하게 하였다.

부처님께서 뒤에 이 사실을 알고 라홀라가 있는 온천장으로 갔다. 라홀라는 멀리서 부처님께서 오시는 것을 보고 쫓아나가 옷과 발우를 받고 물을 떠서 부처님의 발을 씻겨 드렸다. 부처님은 발을 씻고 자리에 단정히 앉아 라홀라에게 물었다.

"너 그 발 씻은 물을 마실 수 있겠느냐?"

"마실 수 없습니다. 이 물은 원래 깨끗한 물이었으나 발을 씻어 더러워졌으므로 마실 수 없습니다."

"라홀라야, 너도 꼭 그와 같다. 내 아들로 왕손으로 태어나 속세의 영화를 버리고 사문이 되었다고 하지만 정진해서 몸을 닦고 입을 지킬 생각을 않는구나. 그와 같이 3독의 더러움이 네 가슴에 충만한 것이 마치 이 물과 같아서 다시 쓸 수 없다."

부처님은 라홀라에게 다시 그 물을 버리게 했다. 그리고 물었다.

"너 이 그릇에 음식을 담을 수 있겠느냐?"

"담을 수 없습니다. 그릇이 벌써 부정한 물 때문에 더러워졌기 때문입니다."

"너도 또한 그와 같다. 사문이 되었다고 하지만 입에 진실함이 없고 마음에 경건함이 없으면 마치 그릇이 부정한 물로 더럽혀진 것 같다."

그리고 부처님은 발가락으로 대야를 밀었다. 그랬더니 대야가 땅으로 떨어져 굴러가다가 마침내 그냥 멎고 말았다. 부처님은 그 광경을 보고 있다가 다시 물었다.

"라홀라여, 너 그릇이 굴러가는 것을 보고 깨지지 않을까 걱정하지 않았느냐?"

"발을 씻는 그릇은 매우 값이 쌉니다. 마음속에 아까운 생각은 있었어도 깨지는 것을 그렇게 두려워하지 않았습니다."

"너도 또한 그렇다. 설사 사문이 되었다 할지라도 몸가짐을 닦지 않고 쓸데없이 거짓말을 잘 하고 세상 사람들을 괴롭히는 일이 많다면 사람들이 그를 좋아하지 않는다. 지혜 있는 사람도 이것을 아끼지 않는다. 마치 그릇이 굴러가다가 그대로 깨지고 마는 것 같다. 미혹의 세계를 굴러가는 고뇌야말로 한이 없고 끝이 없는 것이다."

라훌라는 이 말씀을 듣고 깊이 느끼는 바가 있어 스스로 힘써 도를 잊지 않고 몸가짐을 엄격히 하고 또 잘 참는 마음을 가져 공부했기 때문에 후세에 부처님의 제자 중 학족제일(學足第一) 아라한(阿羅漢 ; 無學聖者)이 되었다.

③ **부처님 이복동생 난다의 구도**

다음날은 부처님의 이모 아들이고 부처님의 이복 동생인 난다의 약혼식 날이었다. 학자들은 여인이 이미 난다와 동거생활을 하고 있는 것으로 보아 약혼식 날이 아니고 어쩌면 결혼을 기념하는 날이 아닌가 생각하는 사람들도 있다. 어떻든 그것은 확실히 알 수 없는 일이고 난다라는 동생이 그저 미모의 여인에게 크게 마음을 빼앗기고 있는 사실만은 틀림없는 일로 생각된다.

그런데 부처님은 그날 따라 성중으로 들어갔다가 마중 나온 난다에게 발우를 주고 그냥 궁전을 나와 성문을 거쳐 그가 임시 거처하던 니그로다 나무숲으로 돌아왔다. 인도의 풍습은 어떤 사람이든 유행자에게 발우를 받으면 그가 명령을 내릴 때까지는 마음대로 할 수 없게 되어 있었다.

그래서 난다는 할 수 없이 발우를 손에 들고 부처님의 뒤를 따라 성문을 나와 부처님이 계신 곳으로 갔다. 그런데 부처님은 곧 그의 머리를 깎게 하고 승가리(僧伽梨 ; 袈裟)를 입혀 중을 만들어 버렸다. 그러나 난다는 그가 스스로 원해서 출가한 것이 아니었기 때문에 매우 불만스러운 심경이었으나 그렇다고 과감하게 환속할 수도 없고 하여 난다는 세속의 욕심을 쫓아 번민의 나날을 보내고 있었다.

경전에는 난다가 그 여자를 잊지 못하여 마음이 들떠 있자 부처님은 밖에 나갈 때마다 도량을 청소하게 하고 물을 긷도록 하였으며, 정사(精舍 ; 절)의 문을 단속하도록 하기도 하였는데, 난다가 맡은 바 임무를 빨리 수행하고 그 여인을 만나러 가려고 서둘러 일을 하였으나 동쪽 뜰을 청소하면 서쪽에 바람이 불어와 다시 어지러워지고 남쪽 뜰을 청소하면 북쪽에서 바람이 불어와 종일토록 해도 끝이 나지 않았다.

또 물을 길을 때도 이 통에 물을 채우면 저 통에 물이 비고 저 통에 물을 채우면 이 통에 물이 비어 끝을 마칠 수 없었으며, 또 부처님의 정사를 살피면 사리풋다의 방문이 열리고 사리풋다의 방문을 닫으면 목갈라나의 방문이 열리어 일이 끝이 없으므로 하루는 그만 모든 일을 팽개치고 집으로 도망가다가 부처님을 만났다.

부처님을 만나는 것도 먼저 멀리서 보고 이 길로 가면 그

길에 부처님이 나타나고 저 길로 가면 저 길에 부처님이 나타나 종일토록 길을 방황하다가 마침내 진짜 부처님을 만나 사실을 토로하니 부처님은 어느 산골짜기로 그를 데리고 가 천상의 환락을 받는 여덟 명의 여인들과 화탕지옥의 사자들을 낱낱이 만나 보였다. 환락의 여인들은 꽃관을 쓰고 안개와 같은 옷을 입고 난다의 이름을 부르며 춤을 추었다. 난다가 황홀하여 물었다.

"그대들은 어찌하여 나의 이름을 부르는가?"

"난다 서방님이 중노릇을 잘 하시면 장차 우리가 사는 천당에 태어나 한 사람 뿐만이 아니고 여덟 명을 다 데리고 살게 되기 때문입니다."

이 말을 들은 순간 난다는 집에 있는 애인을 잊어버리고 중노릇 잘할 것만 생각하였다.

그런데 산밑으로 내려오니 머리에 뿔이 난 사자 두 사람이 큰가마에 기름을 가득 채우고 끓이면서 말했다.

"왜 이놈이 오지 않지!"

난다가 듣고 물었다.

"누구를 찾습니까?"

"난다란 놈을 기다린다."

난다는 가슴이 철렁 내려앉아 물었다.

"왜 난다를 기다리고 있습니까?"

"이놈이 천당에 태어나 8선녀를 데리고 사는데 사랑을 편벽되게 하여 여인들의 마음을 끓여 놓음으로써 장차 이 화탕지옥에 떨어져 8만4천년의 고통을 받게 될 것이다."

난다는 이 말을 듣고 크게 뉘우쳐 아무 말 없이 부처님의 뒤를 따라 왔다. 그때 길가에 지푸라기가 떨어져 있었다. 부처님께서 명령했다.
"너 저 지푸라기를 가지고 오너라."
난다는 지푸라기를 들었다가 그만 팽개쳤다. 부처님께서 물었다.
"왜, 무슨 냄새가 나느냐."
"예, 비린 냄새가 납니다."
"왜 비린 냄새가 날까?"
"생선을 엮었던 것 같습니다."
또 얼마쯤 가다가 헝겊이 떨어져 있자 주우라고 하였다.
"너 저 헝겊을 주워오너라."
"예."
헝겊을 주우러 갔던 난다는 헝겊을 주어 코에 대보고 주머니에 넣었다.
"무슨 냄새가 나느냐?"
"향냄새가 납니다."
"원래 그 헝겊에 향내가 나는 것이었겠느냐?"
"아닙니다. 원래 지푸라기나 헝겊에는 아무런 냄새가 없었으나 생선과 향을 쌓기 때문에 그런 냄새가 나게 된 것입니다."
"그렇다. 난다야. 원래 우리의 마음에는 아무 냄새가 나지 않게 되어 있다. 그런데 그 속에 무슨 생각을 가지고 있느냐에 따라서 그 생각과 같은 냄새가 나게 되어 있다. 너도 왕자로써 부처님의 동생으로써 인품은 훌륭한데 늘 생각하는 것이

저열하므로 사람들의 비난을 받고 웃음거리가 되어 있는 것이다."

이에 난다는 크게 뉘우치고 참회하였다. 그때 부처님께서 잘 아는 사람이 길을 가다가 물었다.

"부처님 어디 갔다 오십니까?"

"산에 갔다 오네. 그대들은 어디 갔다 오는가?"

"간디스강에 갔다 옵니다."

"잘 가게."

부처님은 난다와 함께 간디스강에 이르러 돌아보았다. 두 사람이 서로 인사할 때는 한 치의 차이도 없었는데 두 사람은 까마득히 멀어져 한 사람은 설산에 한 사람은 간디스강에 서게 되었으므로 부처님께서 말씀하였다.

"보라 난다여. 한 발짝도 차이가 없던 사람이 이렇게 멀리 떨어진 곳에 있지 않느냐. 선과 악도 마찬가지고 천당과 지옥도 마찬가지다."

난다는 크게 뉘우치고 개심하여 부처님의 20대 제자 가운데 한 사람이 되었다.

청소년들은 이 나라의 희망이며 기둥이다. 그들에게 복음을 전해주고 말씀에 합당한 삶을 살도록 도와준다는 것은 우리들의 사명이다. 그러기에 이러한 미래의 꿈들인 청소년들에게 하늘의 기쁜 소식을 들려주고 신실한 신앙인으로 성장하게 함은 당연하다. 이상에서 고찰한 바와 같이 청소년들은 아직 삶에 대한 확실한 개념도 정체성도 거의 가지고 있지 않다.

그러나 그들에게 하나님, 부처님 그리고 여러 조사님들의 수행을 통한 신앙 지도와 영성훈련, 가정예배, 간증의 밤 등 종교 활동을 통한 신앙지도를 병행한다면 바람직한 믿음의 성도로서 아름답게 성장할 수 있을 것이다. 또한 그들을 통해서 같은 또래의 불신 청소년들에게 복음을 가장 효과적으로 전해줄 수 있을 것이다.

끝으로 청소년 지도 방안으로 몇 가지 사항을 제시하고자 한다.

첫째, 청소년의 신앙운동에 있어서 참선 기도에 대해 보충 설명을 하고 싶다. 참선 기도는 꼭 수도원이나 절이 아니더라도 어느 곳에서든지 할 수 있도록 훈련 지도가 필요하다고 본다. 참선 기도를 통해서 구원의 확신과 견성 체험을 할 수 있고 더욱 진리에 가까이 갈 수 있기 때문이다.

둘째, 각 교회나 절에서 가능하면 청소년 신앙상담소를 설치 운영하도록 권하고 싶다. 청소년들은 아무도 모르는 말못할 고민을 가지고 있을 수 있으며, 이것은 신앙 성장에 큰 거침돌이 될 수 있기 때문이다.

셋째, 교회나 절에서는 늘 진실한 사랑으로 그들을 대해주어야 할 것이다. 가정, 학교, 또래들 간에 어울리지 못하고 상처받은 모든 것들은 신앙 생활을 통해 치유되어야 할 것이다.

5. 기독교의 십계명과 불교의 오계

(1) 기독교의 십계명

하나님이 이 모든 말씀으로 일러 가라사대 나는…
너의 하나님 여호와로라.
제일은, 나는 나 외에는 다른 신들을 네게 있게 말지니라,
제이는, 너를 위하여 새긴 우상을 만들지 말고,
　　또 위로 하늘에 있는 것이나,
　　아래로 땅에 있는 것이나,
　　땅 아래 물 속에 있는 것의 아무 형상이든지 만들지 말며,
　　그것들에게 절하지 말며,
　　그것들을 섬기지 말라.
　　나 여호와 너의 하나님은 질투하는 하나님인즉 나를 미워하는 자의 죄를 갚되, 아비로부터 아들에게로 삼사대까지 이르게 하거니와, 나를 사랑하고 내 계명을 지키는 자에게는, 천대까지 은혜를 베푸느니라.
제삼은, 너는 나의 하나님 여호와의 이름을 망령되이 일컫지 말라.
　　나 여호와는 나의 이름을 망령되이 일컫는 자를 죄 없다 하지 아니하니라.

제사는, 안식일을 기억하여 거룩히 지키라.
> 엿새 동안은 힘써 네 모든 일을 행할 것이나, 제칠일은 너의 하나님 여호와의 안식일인즉, 너나 네 아들이나, 네 딸이나, 네 남종이나, 네 여종이나, 네 육축이나, 네 문안에 유하는 객이라도 아무 일도 하지 말라.
> 이는 엿새 동안에 나 여호와가 하늘과 땅과 바다와, 그 가운데 모든 것을 만들고 제칠일에 쉬었음이라. 그러므로 나 여호와가 안식일을 복되게 하여, 그날을 거룩하게 하였느니라.

제오는, 네 부모를 공경하라.
> 그리하면 너의 하나님 나 여호와가 네게 준 땅에서 네 생명이 길리라.

제육은, 살인하지 말지니라.
제칠은, 간음하지 말지니라.
제팔은, 도적질하지 말지니라.
제구는, 네 이웃에 대하여 거짓 증거하지 말지니라.
제십은, 네 이웃의 집을 탐내지 말지니라.
> 네 이웃의 아내나, 그의 남종이나 그의 여종이나, 그의 소나, 그의 나귀나, 무릇 네 이웃의 소유를 탐내지 말지니라.(출 20:1-17)

예수께서 가라사대, 네 마음을 다하고 목숨을 다하고 뜻을 다하여, 주 너의 하나님을 사랑하라 하셨으니, 이것이 크고 첫째 되는 계명이요, 둘째는 그와 같으니, 네 이웃을 네 몸과

같이 사랑하라 하셨으니, 이 두 계명이 온 율법과 선지자의 강령이니라.(마 22:37-40)

(2) 불교의 오계

① 산목숨을 함부로 죽이지 말라

고의로 자기 손으로 사람의 생명을 끊거나 칼을 가져 사람에게 주면서 죽음을 찬탄하고 권하지 말라. 내가 내 생명을 귀히 여기지 못하면 귀한 사람이 될 수 없기 때문이다.

② 주지 않는 물건을 함부로 가지지 말라

언제 어느 곳에 있어서 주지 않는 남의 물건을 함부로 쓰지 말고 도둑질 하지 말라. 도둑질하면 가난한 과보를 받고 베풀어 주면 부귀 공명하게 된다.

③ 음행을 하지 말라

출가자는 어떠한 경우라도 간음하지 말고, 재가자는 사음하지 말라. 청정을 지키면 선신이 옹호하고 부정하면 가정이 파탄되고, 자식들이 말을 듣지 않는다.

④ 거짓말 하지 말라

깨치지 못한 것을 깨쳤다 하고, 알지 못한 것을 알았다 하며, 사실 아닌 것을 사실인 것처럼 말하면 모두가 거짓말이다. 진실을 말하면 신용을 얻어 출세하고, 거짓말하고 꾸미는 말하고 이간질하고 악담 설욕하면 칭찬 받는 사람이 되지 못한다.

⑤ 술 마시지 말라

술이나 마약 담악초(담배)를 사용하여 정신을 흐리게 하지 말라. 정신이 흐리면 어리석은 사람, 무골충이 된다.

이 두 가지 계율을 놓고 보면 기독교의 율법은 하나님의 명령이기 때문에 절대적이다. 그러나 불교 율은 수범수제(隨犯隨制)라 범한 사람이 있으므로 결계한 것이므로 절대적이라 볼 수 없다.

그러므로 "계를 지키되 범하고 열고 가릴줄을 알아야 한다" 한 것이다. 자신을 위해서는 철저히 지키고 가리지만 중생을 위해서는 범하고 개방할 수도 있기 때문이다.

이렇게 계를 지키되(持) 범하고(犯) 열고(開) 가릴줄(廢)을 알아야 한다.

성공적인 중·고등부 운영을 위하여

　세계의 기독사에 유래가 없는 경이적인 성장을 이룩하였던 한국 기독교가 1990년대 후반기에 와서는 마침내 그 성장이 멈추고 오히려 성장의 둔화와 감소의 현상이 나타나고 있다. 이로 인한 위기감으로 21세기 한국 교회가 나아가야 할 방향을 모색하는데 모든 교회들이 고민을 하고 있다. 교회 성장의 둔화는 여러 가지 원인을 들 수 있겠으나 무엇보다도 중·고등부 학생들의 교회 출석의 감소 현상에서 그 원인을 발견할 수 있다.
　그러므로 중·고등 학생부의 부흥 성장 없이 미래 교회의 성장은 기대하기 어렵다. 따라서 한국 교회의 침체 경향에서 벗어나 21세기 새로운 도약을 마련하기 위해서는 한국 교회 중·고등부 부흥 성장을 위한 발전 계획을 마련하여야 할 것이다.
　그러나 오늘날과 같은 중·고등부 침체 상황하에서도 오히려 왕성하게 중·고등부가 나날이 성장하고 있는 교회들도 있다. 그러므로 본 연구는 이와 같은 모범적인 교회들 중 몇 교회(사랑의 교회, 지구촌 교회, 동안 교회)를 선정하여 그 교회의 중·고등부 주요 성장 요인과 저해 요인 등을 알아보고 그 중 한국의 모든 교회에 참고가 될만한 사항을 선택하여 설명할 것이다.

동시에 성장 요인에 대해서는 이해를 돕기 위해 먼저 중·고등부 성장과 교회 성장과의 관계를 살펴본 다음 중·고등부의 특성과 공통점 등을 살펴볼 것이다. 그리고 중·고등부 성장의 질적 연구(문헌 연구)와 그동안 필자의 짧은 목회 경험을 통해서 얻은 결과를 토대로 바람직한 한국 교회 성장 방법을 제시할 것이다.

불교 또한 같은 처지에 있기에 따로 쓰지 않는다. 불교의 별명이 여인불교, 노인불교, 장례불교인데 이것은 여성들만 모인 가운데서도 노인들만 모이고, 죽은 사람들을 위해 염불하고 제사지내는 것을 본위로 하고 있기 때문이다.

1. 중·고등부 부흥과 교화 성장

(1) 중·고등학생의 특성

중·고등학생(청소년)이란 부모의 보호와 의존을 전적으로 필요로 하는 아동이 자립적인 생활을 할 수 있는 한 사람의 성인으로 되어 가는 과도기적 상태이기 때문에 아동과 성인의 특성을 동시에 갖는다.

중·고등학생들은 신체적, 인지적, 심리적인 면에서 급격한 변화를 경험한다. 특히 감정이 지나치게 단적으로 나타나는 것이 문제이다. 누군가를 좋아하게 되면 지나칠 정도로 좋아하기도 한다. J. Piaget는 이 시기를 "형식적 조각기"라고 했다. 즉, 아동들은 실제 상태에서 구체적인 사고를 하지만 중·고등학생들은 일반적인 법칙을 생각하게 되고 가상적인 것에 대해서도 사고가 가능해지는 시기이기 때문이다.

또한 그들은 조언이나 비판을 받게 되면 자신의 불안전이 드러나는 것처럼 보이기 때문에 이런 것에 지나치게 민감할 수 있다. 그리고 그들은 훈계, 비판, 조언을 지배로 해석하는 경향이 있으며, 그들은 지배의 영역에서 벗어나려고 시도하기도 한다.

(2) 중·고등부 부흥과 종교 성장과의 관계

이처럼 중·고등학생들은 아직 미성숙하며 선악에 물들여지기 쉬운 시기이다. 그러나 중·고등부가 부흥해야 종교가 성장한다. 왜냐하면 그들은 단지 종교를 위한 미래의 기둥이 될 뿐만 아니라 현재 여기에서 "선량한 백성들"이며 "세계의 중심이기 때문이다.

그러므로 부처님과 예수님은 모든 말씀을 전하는데 있어서 성인들과 함께 아이들과 청소년들에게 똑같이 적용시켰다. 폴 존슨(Paul Johnson)은 말하기를 "청소년의 위치는 성자의 사고 속에서의 일치한다. 우리는 단지 성자의 사고를 이행할 뿐이지 그것을 개선할 필요는 없다"고 하였다. 그렇다면 성인(成人)들은 성자의 편에서 중·고등부 학생들을 이해하고 그들과 더불어 화목하며 그들의 경험 속에서 그들을 계속 배워야 할 것이다.

또한 교회와 승가를 진리를 실천하는 공동체라고 말할 때 중·고등학생들도 그 공동체 속에 포함시켜야 할 존재들이다. 그러므로 중·고등부 성장과 교회나 절 성장과 별개로 본다는 것은 올바른 사고가 아니다. 성공적인 중·고등부 운영이 곧 종교의 발전을 가져오기 때문이다.

먼저 기독교 사랑의 교회 중·고등부를 소개한다.

(3) 성장하는 교회 중·고등부

1) 사랑의 교회 중·고등부

① **사랑의 교회 구성원**

사랑의 교회 중·고등부 구성원들을 분석해보면 다음과 같다.

현재 중등부 학생은 재적 1,300여명 정도이고 실제로 예배에 참석하는 학생은 약 900명 정도이다. 이들을 지도하는 교사는 180명 정도이다. 고등부는 (고3 학생들은 따로 떼서 고

3부로 독립시켰기 때문에 엄밀히 말해서 고1, 2부로 볼 수 있다) 약 650여명 정도 출석하고 있다. 이들을 한꺼번에 수용할 공간이 없어 예배는 두 번으로 나누어 드리고 있다.

출석하는 대부분의 학생은 소위 강남 8학군에 소속되어 있고 강남의 아파트에서 자란 아이들이다. 이들 대부분이 지적 능력을 가지고 있으며 어느 해에는 고3 학생들의 70%가 대학에 합격하는 실력을 보여주기도 했다. 그러나 기성세대에 대해서 냉소적이며 심지어는 같은 또래끼리도 마음을 열지 못한다. 예배에 적극적으로 참여하지도 못하며 옆 친구를 의식하여 찬양도 잘 부르지 않는다. 어지간한 말씀이나 프로그램에 대하여는 시큰둥한 반응을 보이거나 냉소적이다.

② 지도 방법

이런 문제에 대해 고민하던 중 사랑의 교회 교육위원회는 예배에 대한 몇 가지 새로운 시도를 하게 되었다. 그 내용을 살펴보면 다음과 같다.

첫째, 사랑의 교회 중·고등부 예배에는 사회자가 없다. 신세대의 특징중의 하나는 감각적이라는 것이다. 이런 세대들을 앞에 놓고 옛날 어른들이 드리던 예배 형식 그대로 예배를 드린다는 것은 오히려 어색하고 답답하다는 것을 발견했다. 그러므로 모든 순서가 물 흐르듯 자연스럽게 진행되도록 했다.

둘째, 한 주일에 다루게 될 주제를 단일화시켰다. 지금까지는 설교 말씀과 성경공부의 주제가 각기 달랐는데 이것을 통합시켰다. 지금까지의 주일 학교 교육에는 짧은 시간에 너무 많은 양과 다양한 내용을 전달하려다보니 어느 것 하나 제대로 이루어지지 않았다. 따라서 설교와 성경 공부내용을 하나로 통합하였다.

셋째, 설교 전에 "주제제지"라는 독특한 순서가 있다. 감각적인 신세대들을 감안하여 설교직전에 드라마 비디오 등 시청각 매체를 이용하여 가장 현장성 있는 내용으로 설교자와 학생들간에 접촉점을 형성한다. 이 과정을 통하여 학생들의 관심을 사로잡고 주제에 관련된 학생들의 이슈나 질문 등도 잘 드러나게 된다.

넷째, 설교도 달라졌다. 1년 치 커리큘럼을 연초에 정해놓고 미리 제시된 주제에 따라 주의 설교를 준비한다. 예를 들어 그 주의 주제가 드라마라면 설교를 준비할 때 필수적으로 연극 대본을 참고한다. 이렇게 준비하기는 참 어렵지만 그만큼 학생들에게 설교를 할 수 있어 훨씬 효과적으로 변했다고 볼 수 있다. 지금은 주제를 돕는 실무진이 구성되어 이번 주에는 어떤 주제가 가장 효과적인가를 논의하고 있다.

다섯째, 분반 공부가 달라졌다. 분반 공부 때 학생들의 손에는 아무 것도 들려있지 않다. 교사의 손에도 마찬가지다. 이미 본 주제 제기와 설교 시간에 선포된 말씀을 가지고 토의식 대화식으로 진행된다. 이를 위해 분반 공부를 돕기 위한 "교사지침서가 매달 배포된다. 교사들은 다음달 다루게 될 공과 내용을 미리 공부하고" 이 내용을 어떻게 이끌어 가면 좋을까에 대해 함께 논의한다. 종래의 교사 역할과는 달리 현재의 교사들은 대화가 부드럽게 진행되는 것을 돕는 가이드 역

③ 부모님과 함께 하는 청소년 찬양축제

사랑의 교회 중·고등부 학생들은 예배를 진행하는 목사가 민망할 만큼 찬양을 부르지 않았다. 이 교회 중·고등부 교육 담당 이찬수 목사는 이 문제를 놓고 오랫동안 기도하며 씨름했다. 그리고 마침내 하나님의 강력한 인도하심에 이끌려 부모님과 함께 하는 중·고등부 찬양축제를 시작했다.

매월 셋째 주일 7시부터 9시까지 이 교회 본당에서 모임을 갖기 시작했다. 뚜껑을 연 첫날부터 상상을 초월한 일들이 벌어지기 시작했다. 학생들의 입술이 열리기 시작한 것이다. 2000년 9월 현재 1,600의 중·고등부 학생들이 이 찬양축제에 참여하고 있다.

2) 지구촌 교회 중·고등부

① 구성원

현재 중·고등부 학생 재적은 800여명이고 그중 실제 주일 출석 학생 수는 중등부 360여명, 고등부는 180여명 정도이다. 이들을 맡아 지도하는 중등부 교사는 26명이고 고등부 교사는 22명이다. 중등부 1부는 오전 9시30분에 2부는 11시 30분에 영어 연합 예배를 드린다. 고등부는 9시30분에 예배를 드린다.

② 중·고등부 활성화 프로그램

지구촌 교회가 시간적 상황과 여건에 따라 적절하게 활용하고 있는 프로그램은 다음과 같다.

③ 고3 예배의 독립

고등부를 졸업하면서 학생들의 대학부로의 진급 비율이 현저하게 낮아 예배를 통해 서로 격려하고, 함께 기도 제목을 나누며, 짐을 나누는 아름다운 모습을 보여 주었다.

또한 수능시험 1,000일 전 100일 전 기도모임을 실시한다. 학생들이 쉽게 찾아올 수 있는 장소로 마련하여 예배 드린 후 대학부 선배들의 경험담과 간증을 듣고 후배들의 격려도 받는다. 그 결과 대부분의 학생이 심지어 대학 입시에 실패한 학생까지도 대학부의 좋은 리더들과 연결되어 성장할 수 있게 되었다.

④ 주말 성경 캠프

또래 모임의 공동체 정신을 위해 각 학년별로 1박2일 정도 교회에서 진행하는 프로그램이다. 토요일 저녁과 주일 아침 두 차례의 식사를 통해 친구들이나 교역자와도 친해지며, 이때 해당 학년을 맡은 교사들도 함께 숙식하며 학생들의 영적 상태를 돌아보고 그들을 위해 기도한다. 주말 성경캠프는 많은 학생 속에 숨이 있던 문제들을 찾아낼 수 있는 아주 좋은 모임이며, 공부와 스트레스에 지쳐있는 학생들에게 1박2일 간의 휴식을 제공할 뿐만 아니라 그들의 영혼을 집중적으로 돌

볼 수 있는 좋은 기회다.

⑤ 부모님과 함께 드리는 예배

컴퓨터 보급으로 인해 중·고등부 학생들은 가정에서 부모와 함께 대화하는 시간이 줄었다. 그래서 기획된 것이 부모님과 함께 드리는 예배다. 수련회직전 토요일이나 주일에 부모님과 함께 예배를 드린다. 이 예배를 드리기 위해서 미리 설문조사를 통해 학생들의 취향과 부모님께 바라는 것을 조사하여 영상자료를 만들어둔다. 학부모를 대상으로 한 설문조사도 미리 만들어준다. 예배 중에는 가족이 함께 손을 잡고 자녀를 위해, 부모를 위해 기도하는 시간을 갖는다. 부모는 사춘기 자녀를 사랑하고, 자녀는 부모를 사랑하고 존경할 수 있게 하는 좋은 계기가 되었다.

⑥ 독서실 심방

늦은 밤까지 독서실이나 입시학원에서 공부하는 청소년을 만나는 일은 학교에서보다 더 쉽게 만날 수 있다는 장점이 있고, 학생들의 활동환경도 점검할 수 있다는 점을 활용했다. 호출기나 핸드폰으로 미리 약속을 정한 후 간단히 요기할 것을 가지고 찾아간다. 학생들은 전도사님이 왔다는 설렘과 기쁨으로 쉽게 그들만의 고민과 어려움을 이야기한다. 그러한 이야기를 들으면서 함께 기도하는데 교역자는 학생들의 신앙 성장을 도울 수 있었다.

⑦ 엽서 심방

주로 새친구들에게 보내고, 여러 문제로 고민하고 괴로워하는 학생들, 오랫동안 출석하지 않은 학생들에게 보낸다. 엽서를 통해 학생은 담당교사나 교역자의 따뜻한 마음과 관심을 느끼게 된다.

⑧ 지역 학교 장학금 수여

교회 근처에 있는 청소년교육 기관과의 우호적인 관계와 협조를 위해 계획, 추진중인 프로그램이다. 지역의 불우한 환경에서 성실하게 생활하는 학생들을 위해 지역교회로서 조그마한 역할을 감당하여 청소년들에게 전도의 기회로 삼을 수 있었다.

⑨ 중·고등부 제자훈련을 위한 마을 목장(구역예배)

주일 하루의 예배와 교육만으로 학생들을 그리스도의 제자로 삼기에는 부족하다. 이러한 문제의 해결을 위해 각 마을별로 반을 만들어 그 마을에 거주하는 교사를 담임으로 정해 일주일에 한번씩 교사의 집이나 정해진 장소에 모여 예배를 드리고 삶을 나누는 형식으로 진행한다. 간단한 간식이 준비되고, 학생들은 QT를 적용하고 실천했던 부분 그리고 일주일간의 실패와 성공을 서로 나눈다.

학부모들의 적극적인 후원모임도 마련되었다. 이로 인해 부모는 자녀의 신앙생활에 많은 관심을 갖게 될 뿐만 아니라 신앙교육의 필요성을 스스로 깨달아 적극적으로 참여하게 되었다.

⑩ 부모님과 함께 하는 학생 QT모임

매 주일 부모에게는 성경적인 가치관을 포함한 가정교육에 관한 책을 소개하여 독후감을 제출하도록 하고, 학생들에게는 간증문이나 QT 소감문을 내도록 한다. 이 과정을 통해 학생들은 QT를 생활화 할 수 있게 되고, 각 가정은 하나님의 말씀에 귀를 기울이는 화목한 가정으로 회복할 수 있게 하는데 도움을 준다.

3) 동안 교회

① 구성원

2000년 10월말 현재 동안 교회 중·고등부는 재적 550여명에 실제 주일예배 출석학생은 400여명이다. 이중 중등부는 250여명 고등부는 150여명 출석한다. 이들을 가르치는 교사는 중등부 31명 고등부 21명이다. 주일예배는 1부는 오전 9시30분, 2부는 11시에 드린다.

② 동안교회는 중1부터 고3까지 함께 묶어 교육하는 통합패러다임을 시도하고 있다. 물론 분반 학습은 학년별로 나누어 실시한다. 이처럼 분반 학습을 제외한 모든 활동은 중1부터 고3까지 함께 한다. 결과부터 말하자면 대성공이다. 생각했던 것보다 훨씬 많은 효과를 거두고 있다. 이와 같은 통합 패러

다임에서 얻을 수 있었던 기대 효과를 소개하면 다음과 같다.

첫째, 교사의 전문화를 꾀할 수 있다. 한 부서로 통합한 경우 서기는 한 사람만 필요하다. 그러면 나머지 교사는 다른 일을 할 수 있다. 이처럼 교사 운용에 여유가 있을 때 교사의 역할에 전문성을 띨 수 있다.

둘째, 예산 사용의 집중성을 높일 수 있다.

셋째, 학생 상호간의 교육적 역동성을 기대할 수 있다. 선배들은 후배들을 의식하게 되고 후배들은 선배들을 보고 배우게 된다.

넷째, 바람직한 신앙발달을 꾀할 수 있다. 학령 이루게 되었다. 단위를 최소화하여 지식뿐만 아니라 지·정·의·자아·사회·공동체·초월성이 균형과 조화를 이루게 된다.

다섯째, 중간 리더십을 계발할 수 있고 활용할 수 있다. 무엇이든지 중학생과 고등학생이 함께 하기 때문에 고등학생을 중간 리더로 세우면 효과적으로 운영할 수 있다. 그런 경우 교사의 손도 덜게 되고 학생들의 리더십을 계발하게 되고 선후배간의 끈끈한 정도 생기는 것이다.

여섯째, 학생들의 주체적인 참여를 기대할 수 있다.

③ 살아 숨쉬는 예배

지금 청소년 신앙교육의 가장 큰 문제는 청소년들이 하나님을 만나지 못하고 있다는 것이다. 이것은 한국교회 전반의 현상이라고 볼 수 있다. 동안 교회는 이 같은 사실을 직시하고 살아있는 감동이 넘치는 예배 생동감이 차 오르는 예배가 되도록 하기 위해 가장 큰 관심을 두고 있다. 청소년 예산의 40%를 예배 준비를 위해 배정하고 있다. 뿐만 아니라 다음과 같은 내용을 통해 예배 갱신을 시도하고 있다.

첫째, 메시지다. 학생들이 예배를 통해 하나님을 만날 수 있도록 설교자는 생명과 혼을 불어넣는 메시지를 준비하여 선포한다.

둘째, 예배의 형식에 변화를 주었다. 학생들이 효과적으로 예배를 드릴 수 있는 의식을 개발했다.

셋째, 경축적인 분위기를 연출하도록 애쓴다. 즉 감사와 찬양이 넘치도록 준비한다.

넷째, 멀티미디어를 적극적으로 활용하고 있다. 학생들은 이미지 세대 영상 세대들이다. 이들은 말보다 이미지를 통해 더 많은 메시지를 전달받는다.

다섯째, 예배, 인도, 기도, 헌금송을 학생들에게 맡기고 학생 중심의 찬양팀과 앙상블팀을 구성하여 예배의 방관자가 아닌 주체자로 참여하게 하고 있다.

여섯째, 공간의 변형이나 예배 분위기를 세심하게 배려한다. 분위기에 민감한 학생들을 생각하여 예배 분위기를 바꾸는데 최선을 다한다. 가능하면 밝고 따뜻하고 부드러운 분위기로 만든다.

④ **특별한 행사**

모든 행사는 가능한 특별하게 기획하기 위해 노력한다. 여러 번의 작은 행사보다는 한 번의 큰 이벤트가 보다 효과적이다. 동안 교회는 작은 행사는 가능한 지양하고 1년에 한 두 번 정도 큰 행사를 준비한다. 지난 가을 청소년 콘서트에 1,000여 명의 학생들이 모였다. 이런 대형 행사는 청소년들에게 교회 어른들의 관심과 기대를 보여줄 수 있을 뿐만 아니라 교회와 청소년부에 대한 자부심을 보여주고 적극적인 의미의 전도도 기대할 수 있다.

⑤ 중·고등부 제자학교

중·고등부 제자학교는 학생 리더의 인격훈련 및 훈련 영성을 위한 신앙 훈련, 공동체성을 기르고 비전을 세워주는 훈련을 실시한다. 하나님의 파트너는 누구인가? 누가 제자인가? 성경이란? 등 1박2일의 훈련 과정이다. 이 제자학교를 수료한 학생들에게만 학생자치회 임원, 또래장, 각종 수련회 시조장으로 활동할 수 있다.

⑥ 가정, 학부모와의 연대

모든 학부모는 인본주의 교육철학의 어쩔 수 없는 환경 속에서 신앙 생활보다는 학교 공부에 더 힘쓸 것을 자녀들에게 요구하고 있다. 따라서 학부모들의 신앙교육의 중요성을 인식하지 못하고 가정에서 협력하지 못하면 아무리 교회가 노력하고 애써도 그러한 일련의 노력은 허공을 칠 가능성이 있다.

따라서 동안 교회 중·고등부는 "청소년 학부모 모임"을 두어 그 협력관계를 유지하고 있다. 학부모 모임에는 자치회 조직이 구성되어 있어 교역자와 수시로 의논하고 생각을 모은

다. 그리고 한 달에 두 번 모임을 갖고 활동을 한다. 학부모 활동의 모임으로는 중·고등부 사역 지원, 중·고등부 연프로그램 참여, 교사 사기 진작, 중·고등부에 대한 적극적인 홍보 등이다.

⑦ **헌신적이고 전문성을 갖춘 교사들**

교회학교가 활성화되기 위해서는 헌신적인 교사들이 절대적으로 필요하다. 이 같은 사실을 인식하고 동안 교회는 헌신적인 교사를 teacher dedicated helper로 자리 매김했다. 여기서 helper는 반 운영관리자, 상담자, 분반 학습자를 의미한다.

둘째, 교육활동에 적합한 전문인력을 확보하고 그들에 대한 교육을 실시하는 것이다.

셋째, 기존의 교사에 전문성을 키운다.

교사에게 새로운 학습정보를 제공하고 영성을 촉구하는 교사 재교육을 실시한다. 교사 교육은 전문성 30%, 영성훈련 70%로 구성한다. 왜냐하면 교사의 영성은 교사를 움직이는 에너지라고 생각하기 때문이다.

⑧ **효율적인 행적교육**

효율적인 운영은 교육의 효과를 150% 또는 200%로 상승시키는 결과를 가져온다. 이러한 인식 하에 만들어진 동안 교회의 중·고등부 교육행정 조직을 소개하면 다음과 같다.

중·고등부를 하나의 부서로 묶는다. 명칭은 청소년부로 한다. 팀조직의 사역 조직으로 구성한다. 수직적 조직에서 수평적 섬김의 조직으로 한다. 은사에 따라 효과적이고 실행력을 갖춘 조직을 구성한다.

2. 중·고등부 공통점과 문제점

(1) 공통점과 특징

 이상에서 성장하는 세 교회 중·고등부 성장 전략에 대하여 간략히 살펴보았다. 그 내용 중 공통점과 특징들을 요약하면 <표 1>과 같다.
 즉, 교회 간 중·고등부 성장 전략에 있어서 예배 갱신, 학생 훈련, 부모와의 연계성에 대하여 세부사항은 다양한 특성이 있으나 전략의 취지는 대동소이(大同小異)함을 알 수 있다. 특히 부모 자녀간의 연계는 각 교회가 특별히 강조점을 두고 있다.
 사랑의 교회의 부모님과 함께 하는 찬양 축제는 학생들의 마음의 문을 열게 하는데 도움을 주었고, 지구촌 교회의 가정, 학부모와의 연대는 교회가 어떻게 학부모와 학생들을 함께 껴않을 수 있을까. 어떻게 하면 학부모들을 협력자로 이끌어 낼 수 있을까 고민하며 이를 위해 부모와 자녀가 함께 들을 수 있는 학습과 관련된 강의 개설, 중·고등부 학생 부모가 알아야할 신앙교육에 관한 세미나를 실시함으로써 학부모 모두의 신앙에 많은 도움을 주고 있다.

또 지구촌 교회의 부모님과 함께 드리는 예배는 한 교역자의 설교를 통해서 성경 속의 가정으로 회복하고 부모는 사춘기 자녀들을 사랑하고 자녀들은 부모를 존경할 수 있는 계기가 되었다.

학부모와 자녀간의 사랑을 더 깊게 하며, 부모 자녀간의 QT교육은 가정의 화평과 신앙의 성숙을 가져오는 계기를 만들어 주었다. 동산 교회의 패러다임의 변화(중·고등부 통합)은 예산 사용의 의미를 갖고 있다.

교회간 특성을 보면 사랑의 교회 분반 공부는 교사와 학생들간의 대화식으로 진행하며 교사는 가이드 역할만을 하고 있다. 지구촌 교회는 사랑과 관심의 표현으로 독서실 심방, 엽서 심방, 지역 장학금 수여 등으로 학생들에 대한 말로만이 아닌 실질적으로 사랑과 관심을 보여주고 있다. 동산 교회는 중1~중3까지의 학생들을 함께 묶어 교육하며 조직 면에서도 부장 중심에서 기능(staff) 중심으로 전환해 그 효율성을 높였다.

이러한 중·고등부에 대한 세심한 배려와 조직과 운영, 특히 이들에 대한 담임 교육자의 사랑과 관심이 이 중·고등부를 부흥시켰다고 본다. 그러나 문제가 전혀 없는 것은 아니었다. 아직도 보다 개선하고 보완할 부분을 여러 가지 지적할 수 있다.

<표1> 교회간 공통점과 특징

교회명 공통과 특징	사랑의 교회	지구촌 교회	동산교회
예배 갱신	한 주일에 다룰 주제의 단일화, 설교 전에 주제 제기, 경건한 예배와 즐거운 예배의 균형	고3 예배의 독립, 수능 시험전 100일 기도	살아 숨쉬는 교회—설교자는 생명과 혼을 불어넣는 메시지 준비, 경축적인 예배분위기, 학생이 예배에 주체자로 참여하게 함
학생훈련	학생양육—학생 소그룹, 학생제자 훈련, 학생자치제도	주말 성경캠프—교육자와 학생들 간의 대화의 기회, 영적 상태의 돌봄과 영성 훈련	중·고등부 제자학교—학생 리더의 인격 훈련, 신앙 훈련, 공동체성과 비전 세워주기 훈련
학부모와의 연대	부모님과 함께 하는 찬양축제—굳어 있는 학생들의 마음의 문을 열게 함	부모님과 함께 드리는 예배—부모 자식간의 사랑을 더 깊이 확인하게 됨. 부모님과 함께 하는 QT—하나님의 말씀에 귀를 기울이는 화목한 가정이 되게 함	가정, 학부모와의 연대—중·고등부 부모 모임을 두어 교역자와 수시로 의논하며 중·고등부 교사 사기 진작 및 중·고등부 사역 지원.

특징	분반공부는 토의식 대화식, 교사는 가이드 역할만 함	사랑과 관심—독서실 심방, 엽서 심방, 지역학교 장학금 수여	패러다임의 변화—중1~고3까지 함께 묶어 교육, 헌신적이고 전문성을 갖춘 교사 양성, 효율적인 행적 조직—수직적 조직에서 수평적 조직으로 개편, 설교의 내용과 관련된 토픽을 정해 분반공부

(2) 중·고등부 문제와 대안

　필자가 위 교회 담임 교역자들과 직접 상담이나 전화를 이용해 중·고등부에 대하여 알아본 결과 모두 다음과 같은 공통적인 문제들을 안고 있었다. 이러한 문제들은 비단 위의 교회에만 해당되는 것이 아니라 한국의 교회라면 어느 교회든지 심사 숙고해 보아야 할 문제라고 생각된다. 그러므로 성공적인 중·고등부 운영과 교회 성장을 연구함에 있어서 이와 같은 문제들에 대한 해결책을 생각해 보고자 한다.

1) 교사의 사명감 부족

특히 청년, 대학부 임원 중에서 중·고등부 교사를 맡을 경우에는 처음에는 사명감과 매력을 가지고 교사 직분을 자원하지만 2, 3년이 지나면 실증을 느끼고 성가대등 다른 부서로 옮겨버리는 경우가 많다. 그러므로 교회는 어쩔 수 없이 새로운 교사를 다시 모집할 수밖에 없다는 것이다. 다행히 이들 큰 교회는 교사 모집이 가능하지만 개척 교회는 교사를 그렇게 자주 확보할 수 없기 때문에 심각한 문제가 된다고 생각된다.

그러므로 교회는 중·고등학교 때부터 동, 하기 수련회, QT, 성경 공부, 기도 모임 등의 신앙 훈련을 통해 중·고등부 학생들이 믿음이 굳게 설 수 있도록 열심히 도와야 한다. 이같이 훈련받은 신실한 중·고등학생들이 청년부나 대학생이 되어서 더욱 영적으로 성숙된 모습으로 중·고등부 학생들을 맡아 가르친다면 이러한 문제는 없어질 것이다.

2) 교사의 상담 미숙

중·고등부 주일 예배는 대개 오전 9~11시 사이에 드려지며 예배가 끝난 다음 분반 성경 공부가 이어지며 성경 공부가 끝난 다음 대개 10~20분 정도 교사와 상담 시간을 가질 수 있다. 그러나 교사의 상담 미숙으로 학생들의 직면한 문제에 효과적으로 접근하지 못하는 경우가 많았다. 교회에서 학생들이 쉽게 상담할 수 있는 대상은 분반 공부 교사라고 볼 수 있다.

그러나 교사들이 권위의식을 갖고 대하거나, 지나치게 자기 말만 하거나 믿음직하게 보이지 않을 때에는 학생들은 자기 고민을 잘 털어놓지 않으며, 결국 문제 해결을 기할 수 없는 것이다. 그러므로 교회에서는 교사를 선발한 후에는 반드시 최소한 기초 상담 훈련을 시켜야 할 것이다.

3) 대학 입시 문제

고3 학년이 되면 학부형들이 학생들의 주일날 예배 참여를 꺼려하며 오로지 대학 입시 공부에만 전념하도록 다그치고 있다. 그 결과 교회마다 차이는 있지만 고3 학생들의 교회 예배 출석률이 30~40% 정도가 떨어졌다. 특히 대학 입시에 실패한 재수생이 될 경우 주일날 예배 출석률이 현저하게 떨어졌다. 그러다가 취직을 한다든지 군에 갔다오면 아예 교회를 나오지 않는 경우도 있다는 것이다.

고3 학생들이 교회 출석이 떨어지는 것은 본인 자신도 문제가 있지만, 그 부모들이 대학 입시에 너무 집착해 있기 때문이라고 생각된다. 그러므로 고3 학생들의 학부형에 대한 특별 신앙 교육이 필요하다고 본다. 고3 학생 중에는 대학 입시 불안감 때문에 오히려 교회에 더욱 열심히 나와 기도하며 위로를 받고 싶어하는 학생들이 오히려 많다는 것을 알아야 할 것이다.

그러므로 고3 학년이 되면 교회에 더욱 열심히 출석하도록 교육시켜야 하며 처음에는 좀 어려운 점이 있겠지만 이것이 교회의 전통으로 자리잡으면 별문제가 되지 않을 것이다.

4) 위기 학생들

중·고등부 학생들 중에는 소수이지만 부모와의 갈등, 우울, 고독, 분노, 이성 문제, 자기 정체감, 혼란, 불안 등의 여러 가지 문제점을 가지고 있었다. 이러한 문제의 늪에 빠진 학생들은 상대적으로 영적 성장이 어려울 뿐만 아니라, 이런 문제가 지속되면 교회 내에서도 또래 집단을 형성하거나 교회를 떠나는 등 많은 문제를 야기한다.

중·고등부 학생들은 이 같은 위기 상황에 빠지면 전문 상담자의 지속적인 도움이 필요하다. 그러므로 교회에서 중·고등부 학생들을 위해 목회자가 직접 상담해주기가 어려우면 가능하면 전문 목회 상담자 제도를 두거나 상담실을 따로 마련하여 운영하는 것이 좋을 것이다.

5) 신앙의 기초 부실

많은 교사들과 다양한 프로그램을 가지고 학생들을 가르치고 있음에도 불구하고 실제로 구원의 확신을 가진 학생의 수는 20% 정도에 지나지 못했다. 그러므로 대입문제등 어려운 문제에 직면하면 믿음이 흔들리고 교회를 멀리하는 학생들이 있었다.
　중·고등부 때에 구원의 확신이 없이 교회에 다니다가 대학이나 청년부에 진급하던지 군에 입대하거나 취직을 하면 더욱 믿음이 흔들릴 가능성이 많다. 그러므로 중·고등학생 때에 구원 교리에 대한 철저한 점검과 신앙 교육을 실시하여 구원의 확신을 갖도록 해야한다.

6) PC방 출입

　최근 들어 인터넷의 급속한 발달과 함께 교회 주변에까지 컴퓨터 놀이 방들이 늘어나고 있다. 밤낮을 가리지 않고 PC방마다 초등학생에 이르기까지 학생들로 가득 채우고 있으며, 이것은 학생들에게 시간 낭비일 뿐만 아니라 정서적, 신앙 면에도 큰 해독을 끼칠 수 있다고 본다.
　그러므로 이러한 문제를 해결하고 오히려 신앙에 도움을 주기 위해서는 가능하면 교회 내에 컴퓨터실을 마련하고 신앙에 유익한 CD를 충분히 준비해 놓아 중·고등부 학생들이 언제든지 와서 원하는 CD 내용을 감상할 수 있도록 하는 것이 바람직하다고 본다.

3. 중·고등부 성장 방안

 이상의 모델 교회에서 언급된 교회의 특성과 공통점들은 한국 교회 성장을 위해 참고할 만한 훌륭한 내용이라고 생각된다. 그러나 이 내용들이 한국의 모든 개척 교회에 똑같이 적용될 수는 없다고 본다. 그러므로 여기에 보완하여 부족한 필자의 짧은 목회 경험과 연구로 얻은 내용들을 성공적인 중·고등부 운영과 교회 성장 방안으로 제시한다.

(1) 구원의 복음과 예배 중심

1) 중·고등학생들을 구원에 초대하기

 중·고등부 사역자들은 학생들에게 구원에 이르도록 복음을 전해야 한다. 중·고등부에서는 학생들에 대한 기독교 양육의 문을 전도로 열어야 한다. 중·고등학생들이 예수그리스도를 영접하여 하나님의 자녀가 되도록 하는 이 중·고등부 사역의 기초라고 할 것이다. 구원을 얻지 못한 자에게 아무리 심오한 기독교의 진리를 교육한다해도 소용이 없는 일이다.
 그러므로 중·고등학생들이 예수를 알게 하고, 죄를 뉘우치고 고백하게 하고, 구원을 얻게 하는 일을 교회는 중점적으로 해야 한다. 이러한 바탕 위에서만 학생들은 영적으로 성장해

갈 수 있다. 이러한 학생들이 청년이 되고 장년이 될 때 그 교회는 미래가 있으며 건강하게 성장할 수 있는 것이다.

2) 하나님을 만나는 예배

하나님의 자녀는 하나님께 예배하기를 기뻐하며 교회에 모이기를 힘써야 한다(마 4:10). 그러나 더 중요한 것은 중·고등학생들이 하나님을 만나는 예배가 되어야 한다. 학생들이 마음의 문을 열고 하나님을 만날 수 있기 위해서는 다음과 같은 내용을 살펴야 한다.

① 회개
회개가 없이 드리는 예배는 이미 예배가 아니다. 그것은 하나님과 관계가 없는 의식에 불과하다. 그러므로 중·고등부 예배를 인도하는 지도자들은 그들에게 회개함으로써 하나님께 나아가도록 가르쳐야 한다. 하나님을 찬양하기에 앞서 자신의 마음을 하나님께 내어놓고 죄를 고백하도록 해야 한다.

② 신령과 진정으로 예배
오늘날 중·고등부의 예배가 형식적으로 치우쳐지는 경향이 있는 것 같다. 왜냐하면 예배하려는 마음의 결핍 때문이다. 마음의 드림이 없이 찬양을 하기 때문에 성가대 석의 학생들이 잡담을 하는 경우가 있다. 그러므로 학생들에게 예배는 사람이 하나님께 행하는 단지 전통적인 의식이 아니라 하나님을

향한 "내 마음의 헌신"의 표현이라는 사실을 가르쳐야 한다.

③ 예배실의 분위기

분위기는 중·고등학생들의 마음을 움직이는 동기가 된다. 일반적으로 중·고등학생들은 원색에 가까운 빨간색, 파란색 따위로 칠해진 방에 있는 아이들이 흰색으로 칠해진 방에 있는 아이들보다 훨씬 더 적극적인 태도를 보인다. 아직은 이성이 감정을 조절하지 못하기 때문에 분위기에 민감한 반응을 보이고 있는 것이 청소년 세대이다.

그러므로 예배실의 분위기는 예배 드리기에 알맞은 분위기로 조성되어야 한다. 대개의 교회들이 장년 중심으로 유지되고 있어 본당은 화려한데 중·고등부 예배실은 창고와 같은 느낌을 주는 것이 많은 것 같다. 참으로 교회에서 중·고등학생들을 믿음으로 가르치고, 믿음의 사람으로 키워야 한다고 생각한다면 청소년들의 심리에 맞는 예배실이 되도록 꾸며야 한다.

대개 회색이나 주황색이 사람에게 경건심을 일으킨다. 파랑색은 초월자 내지는 위대한 존재에 대하여 생각하도록 자극한다. 그러므로 이 점을 염두에 두고 중·고등부 예배실을 꾸며야 할 것이다. 또한 중·고등학생들은 예배실에서 하나님께로 향하는 마음이 되도록 예배실 안의 분위기를 유지하여야 한다. 예배드리기 전에 준비 기도회로 모여 예배의 순서를 위하여 자신들을 헌신하는 시간을 갖는 것은 그 주일의 예배 분위기를 조성하는데 큰 역할을 한다.

(2) 중·고등학생들의 교회 출석 방법

1) 지속적인 관심

바울은 때로는 방문(심방)을 했고, 편지도 썼으며, 다른 사람을 통해서 소식을 전하고, 또 소식을 듣기도 했다. 바울은 눈물로 복음을 들었던 그들을 위해 기도했으며, 밤낮으로 파고드는 이단들을 대적할 수 있도록 아빠의 심정으로 그들을 돌보았다. 중·고등학생들을 진심으로 사랑한다면 관심의 표현은 저절로 나타날 수 있다고 본다.

2) 중·고등학생들이 계속적으로 교회를 찾을 수 있도록 흥미와 감동이 있어야 한다

성경 학교나 수련회 기간에 있었던 감동과 흥미를 주지 못한다면 중·고등학생들은 더 이상 교회를 찾고 싶지 않은 마음이 들지도 모른다.

따라서 계속적으로 연구하고 공부할 필요가 있다. 요즘 중·고등학생들이 무엇을 좋아하는지, 그들의 경향, 문화 등등 모든 것을 연구하고 공부해야 한다. 그리고 연구와 공부로 끝나지 말고, 반드시 그 연구의 열매가 있을 수 있도록 실천해 보는 노력이 필요하다.

3) 교사들의 헌신

교사는 누구인가? 교사의 위치, 그리고 교사가 무엇을 하는 사람이라는 것을 정확히 알 때, 중·고등부 학생들은 계속적으로 교회를 찾을 수 있도록 노력할 수 있다. 교사는 주인이신 예수그리스도를 위해 일을 하는 사람이다. 내 감정, 내 느낌, 내 생각을 내세우는 사람이 아니다. 오직 주님을 드러내기 위해 존재하는 사람이다.

4) 능력 있는 교사

바울은 능력이 있었다. 그의 행동은 인간적 노력으로 끝나는 것이 아니었다. 바울이 복음을 전할 때 복음을 대적하던 사람들이 하나님을 만났으며, 마음의 고통을 이길 수 있도록 위로할 때 큰 열매가 있었다.

능력 있는 교사가 되는 비결, 그것은 기초가 튼튼할 때 가능하다. 그 기초는 다름이 아니라 기도와 말씀이다. 우리는 바울과 같은 열정적 기도, 말씀 연구를 가지고 가르칠 수 없을지 모른다. 그러나 그렇게 할 수 있도록 흉내라도 내야 한다. 그러할 때 능력 있는 교사가 될 수 있도록 하나님께서 은혜를 주실 것이다.

5) 친숙한 교사

어느 목회자가 대학생 100명에게 "자신을 가르쳤던 선생님 가운데 기억에 남는 선생님은 어떤 분인가?"란 질문을 하였다. 놀랍게도 그것은 실력 있는 선생님이나 재미있는 이야기를 많이 들려주신 선생님이 아니었다. 자기를 이해해 주고 친구의 입장이 되어 주신 선생님, 자기와 함께 대화하고 자기와 함께 놀아주신 선생님이었다.

6) 사랑의 양육자

"선생님은 많으나 스승은 없고, 학생은 많으나 제자는 없다"는 말이 있다. 이 말은 주일 교회 학교에도 적용되는 말이다. 교사는 양육 자이다. 참으로 부모가 교사의 심정으로 어린이들을 가르치고 돌보고 있는가? 그저 주일날 단 하루만 교사의 역할을 하고 다 했다고 만족하고 있지는 않는가? 주일 교회학교의 부흥은 교사들의 눈물과 희생으로 말미암은 어린이들의 제자화에 있다.

오늘 한국 교회는 교인은 많으나 제자가 없다. 주일 교회학교에도 주일 교회에 출석하는 아이들은 많으나 진정한 예수님의 제자는 없다.

오늘 1,200만 성도를 자랑하고 있지만 이 사회를 움직이고 변화시키는 영향력 있고, 능력 있는 크리스찬이 과연 몇 명이나 될까? 추수할 것은 많되 일꾼이 적다고 예수께서는 말씀하셨다. 이 변혁의 시대에 교사가 할 일은 그 어느 때 보다도 막중하다.

7) 효과적인 심방

교회의 다른 모든 부서와 마찬가지로 중·고등부를 성장시키기 위해서 학생들을 교회에 잘 출석시켜야 한다는 것은 기본적인 교회 성장 원리이다. 심방이 없는 중·고등부 운영은 건강하고 효과적인 성장을 기할 수 없을 것이다. 아래와 같은 중·고등부 심방 지침과, 심방 종류, 심방시 주의 사항 등을 제시한다.

① 심방 지침
① 학생들의 고민과 문제를 제대로 파악한다.
② 학생들의 슬픔과 기쁨에 동참한다.
③ 중·고등부 학생(이하 학생들)들과 삶을 나눈다.
④ 학생들 하나 하나를 위해 기도해 준다.
⑤ 그들과 접촉할 시간을 많이 마련한다.
⑥ 전화나 심방을 생활화 한다.
전화는 가급적 주일을 대비하여 토요일 저녁이 좋고, 심방은 둘 사이를 더욱 강하게 묶어주는 더욱 튼튼한 끈이 된다. 특별히 결석자는 반드시 심방하여야 한다. 심방을 떠나기 전 내가 찾아가는 학생이 어떠한 학생이며, 왜 심방을 하며 무엇을 교육해야 할 것인가에 대한 교사의 구체적인 준비가 필요

하다. 그러나 심방의 종류에 따라서 그 준비는 조금씩 다를 수 있다.

② 심방 종류
① 결석생 심방
② 새로 등록한 어린이 심방
③ 대 심방

중·고등부의 대 심방은 장년들의 대 심방과 비슷하게 실시하되 봄철 대 심방은 중·고등부의 봄방학을 이용하여 실시하고, 가을철 대 심방은 여름 성경 학교를 마치고 2학기 개학 직전에 실시하는 것이 효과적이다. 심방 대원은 각반 교사, 지도 전도사, 부장, 총무, 담임목사가 팀을 나누어 일제히 실시하는 것이 좋다. 이 때 심방 시간은 예배(15분), 상담(15~20분) 정도로 모든 순서를 마치는 것이 효과적이다.
① 전화 심방
② 엽서 심방
③ 학교로 편지를 보내기
④ 가정으로 편지를 보내기

③ 문병 및 축하 심방

질병으로 누워있는 어린이는 활발한 활동을 하지 못하므로 재미있게 들을 수 있는 성경이나 소책자를 전하여 주고 같이 대화를 나누며 신앙지도를 하는 것이 좋다.

또한 축하를 받아야 할 학생들이 있을 때 축전을 띄워 준다든지 직접 찾아가 조그마한 선물을 전하여 축하하여 주는 것이 바람직하다.

④ **심방시 주의할 점**
　㉠ 심방 예고를 하라
　예고 없이 불시에 방문하면 당황해 하거나 불쾌감을 줄 수 있기 때문이다.
　㉡ 심방 받는 가정의 상황을 빨리 파악해야 한다.
　집안의 바쁜 일이나 불미스러운 일이 진행되고 있을 때 심방자는 간단히 면담만 하고 다음 기회로 미루는 것이 효과적이다.
　㉢ 사랑의 흔적을 남겨라
　심방자가 사랑하는 어린이를 위해 조그마한 선물을 준비하여 전해줄 때 심방의 기념이 될 수 있고, 그 선물을 어린이가 오래도록 간직하고 있을 것이다.
　㉣ 복장을 단정히 하고 겸손을 잊지 말아야 한다.
　너무 요란한 치장과 복장은 추하게 보일 수도 있기 때문이다.
　㉤ 대화(상담)는 긍정적으로 맺어라.
　㉥ 학생들만이 간직해야 할 비밀스러운 일들을 부모에게 공개하지 말아야 한다.
　만약 교사가 학생들의 비밀을 누설했을 때 학생들은 교사와 대화를 나누길 원치 않을 것이다. 즉 교회 안에 있는 중·고등부가 바로 서면 장차 교회가 바로 서고 부흥할 것이요, 중·고등부가 부실하고 마비되면 그 교회의 장래는 암담할 수

밖에 없다.

4. 청소년 불교교육의 허와 실

 불교는 기독교처럼 중·고등부나 청소년 교육에 대한 프로그램이 조직적으로 구성되어 있는 것이 거의 없다. 단지 외국유학을 다녀온 스님들께서 1920년대부터 청소년 포교와 중·고등학생들에 대한 관심을 가지고 교육 방법을 구상하고 오랫동안 실천하여 많은 사람들에게 혜택을 준 절들이 있다.
 강릉포교당, 마산포교당, 상주포교당 같은 곳이 그 대표이고, 1960년대서부터 청주수도원 벽산큰스님께서 심혈을 기울여 초·중·고등학생들의 법회를 주관해 왔으며, 그곳 학생들이 서울에 진출하여 대학생불교연합회, 불교청년회 운동에 동참하여 큰 성과를 거둔 바 있다.
 전국 3만5천여 개의 사찰 가운데 10분의 1 정도가 청소년, 중·고등부 법회를 보고 있으며, 교재는 법문 자료사에서 나오는 자료를 기본 교재로 사용하고 있다. 법회 날짜는 일정하지 않으나 대부분 매주 토요일이나 일요일에 보고 있으며, 몇 분의 교사에 의하여 찬불가, 독경, 좌선, 염불, 예배, 기도를 한 뒤 법문을 듣고 봉사활동을 하다가 귀가한다.
 4월8일 부처님 오신 날이나 7월 백중 효행의 날, 12월8일

성도재일, 2월15일 열반재일에는 부모님들과 동참하는 경우가 많고 나름대로 독자적 활동을 전개하는 경우도 있다.

불교의 특징이 자연을 통한 심성개발에 있으므로 자연조건을 잘 갖춘 전통사찰을 시청각 교육장으로 알맞는 정서를 가지고 있다.

절 안에 들어가면서부터 금강문, 일주문, 천왕문, 법왕문의 의미를 되새기고 북, 범종, 운판, 목어, 목탁, 경쇠, 죽비, 풍경 소리는 사람의 마음을 매혹시킨다. 그리고 절 안에 그려진 벽화와 불화, 불상, 신장 등 다양한 회화 조각들은 모두가 말 없는 스승이요 깨달음의 소재들이다. 맑은 바람 속에 흘러가는 물소리, 아침저녁으로 솟아오르는 안개와 노을은 세상의 말씀이 필요 없는 자연의 스승이다.

밥때가 되면 파르라니 깎은 머리에 먹물 옷을 입고 주욱 둘러앉아 밥티하나 흘리지 않고 공양하는 모습은 세상에서는 보기 드문 불교적 요소이다. 도시의 포교당에서 찌든 생활을 하다가 종종 큰집을 찾아간 학생들은 고향을 찾은 듯 기쁜 마음으로 자연의 세계에 뛰어든다. 여기에는 특별한 스승이 필요 없지만 능력을 갖춘 지도교사가 있다면 더욱 좋은 결실을 맺을 수 있다.

불교는 현대화, 대중화, 생활화를 위해서는 능력 있는 많은 지도자가 필요하다. 특히 위기에 처한 문제아들을 다루는데는 전문성 있는 교사가 더욱 요청되고 있다.

그러나 불교는 재정의 곤란으로 그들을 양성하는데 신경을 쓸 겨를이 없고 자발적인 봉사인 또한 그리 많지 않다.

성공적인 중·고등부 운영을 위하여   223

　그동안 기독교의 영향으로 자극 받은 사람들이 헌신 봉사함으로써 이만한 경지에 이르게 된 것만도 다행스럽게 생각하고 있다. 대부분 청소년 중·고등부 교육을 서양교육을 모방한 것이 태반이 되지만 최근 들어 산사음악회나 미니등산을 통해 젊은 학생들의 기백을 살리는 일은 조직 사회에서 대해탈을 꿈꾸는 청소년들에게 좋은 기백을 심어주고 있는 것 같다.
　사찰을 운영하고 종단을 이끌어 가는 일선 지도자들께서는 나라의 꽃이요 집안의 보물인 청소년들의 종교활동에 보다 깊은 관심을 가지고 후원해 주시기 바란다.

　지금까지 중·고등부 성장이 곧 종교 성장과 직결된다는 인식 하에 오늘날 한국에서 성장하는 세 교회들과 모델로 하여 중·고등부 성장 요인을 살펴보았다. 또한 이들 교회나 절에서 나타난 종교 성장 저해 요인과 해결 방안에 대하여도 필자 나름대로 연구하고 고심한 내용을 제시하였다. 그러나 보다 더 중요한 종교 성장 원리는 중·고등학생들에 대한 진실한 관심과 사랑일 것이다.
　이와 같은 원리를 바탕으로 할 때 종교 성장 방안은 현실성이 있을 것이다. 지금은 그 어느 때보다도 신실한 지도자가 필요한 때다. 한국의 정치, 경제, 사회, 문화, 환경, 방송, 매체 등 이 모든 것들이 자기 갈 바를 모르고 흔들리고 있다. 게다가 남북문제는 이 나라 국민의 마음을 들뜨게 만들고 있다.
　그러므로 종교 지도자들은 기쁨과 평정을 잃지 말고 사랑과 인내와 기도를 중심으로 바람직한 성장 원리를 부지런히 연구하고 이를 활용하여 미래 종교의 기둥과 이 나라 주역들이 될 만한 성스러운 백성들을 길러내야 할 것이다. 이렇게 할 때 한국 종교는 건강하게 부흥, 성장할 것이다.

이제 중·고등부 학생들을 위하여 원광법사의 세속오계와 원효대사의 발심수행장을 소개하겠다.

(1) 원광법사의 세속오계

① 나라에 충성하라. 나라가 없이는 안정된 생활을 할 수 없기 때문이다.
② 부모님께 효도하라. 부모가 나를 낳아 길러주셨기 때문이다.
③ 믿음으로 벗을 사귀라. 숲이 좋으면 새들이 평온하다.
④ 전쟁에 나아가 물러서지 말라. 정의에서 물러서면 비굴한 사람이 된다.
⑤ 살생을 가려서 하라. 때와 장소를 가려 할 줄 아는 살생은 살생이 그대로 방생이 된다.

(2) 원효대사의 발심수행장

① 부처님을 보고 중생을 보라.
② 천당을 보고 지옥을 보라.

③ 부처는 고행 속에서 번뇌를 항복 받고, 중생은 탐욕 속에서 지옥종자를 만든다.
④ 자연을 보고 선행을 닦으라.
⑤ 욕락을 버리고 어려운 일을 잘 참고 이기라.
⑥ 힘 따라서 보시하라.
⑦ 검소한 생활로 공부하라.
⑧ 춥고 배고픔을 이길 줄 알라.
⑨ 세월을 아껴서 써라.
⑩ 윤리 도덕적인 생활을 하라.
⑪ 지혜 있는 사람이 되라.
⑫ 계를 잘 지키라.
⑬ 글의 음과 뜻을 알라.
⑭ 용상덕이 되어 사자좌에 앉으라.
⑮ 분수에 맞는 생활을 하라.
⑯ 후회 없는 생활을 하라.

 그러나 불교는 이와 같은 피상적인 문제보다 극적인 문제를 자문자답하다가 선지식들의 가르침을 따라 문제의 해결을 얻은 경우가 많다.
 예를 들어 말한다면 서산, 사명이 부모 형제의 죽음을 보고 발심한 것처럼, 인생은 행복한 것인가 아니면 불행한 것인가. 실로 인생은 본래 행복한 것도 불행한 것도 아니지만 자기 입장에서 행·불행을 맛보고 그 깨달음의 정도 또한 달리 인식하기 때문이다.
 사명당이 서산스님을 찾아갈 때 길거리에서 새 한 마리를 잡았다. 사명당은 그 새를 손에 쥐고 서서 물었다.
"이 새를 살려주겠습니까 죽이겠습니까?"
서산스님은 서슴없이 일어서 두 발을 문지방 안과 밖에 걸치고 물었다.
"내가 나가겠느냐 들어오겠느냐?"
한 사람은 새를 날려주고 한 사람은 문밖으로 뛰어나가 서로 껴않고 눈물을 흘렸다. 피차의 마음을 이해할 수 있는 도반을 만났기 때문이다.
문지방은 나가고 들어오는 것이 아니고 새를 살려주고 죽이는 것은 쥐고 있는 사람의 마음에 달려있기 때문이다.

초등부 어린이들의 신앙교육

1. 기독교적인 사고

　필자는 7세 때 바로 아래 여동생을 잃었고 11세 때는 외할머니를 잃었다. 그 당시는 몰랐지만 지금 연령별 가정사역을 공부하면서 생각해보니 그 일은 나의 신앙발달에 많은 영향을 미쳐왔음을 알게 되었다.
　그리고 필자의 초등부 신앙 단계를 화울러 교수의 발달이론과 비교하면서 이 글을 쓰게 되었다. 화울러의 신앙 발달 이론은 모두 올바르다고 할 수는 없겠지만, 기독교 신앙 교육에 많은 시사점을 제시하고 있는 것은 사실이다.
　따라서 이 글은 먼저 화울러의 신앙발달이론을 간략히 살펴보고 이 이론에 대한 필자 나름대로의 평가를 시도해 본다. 동시에 그의 신앙 발달에 근거하여 초등부 어린이신앙 교육에 있어서 어린이신앙 특성, 교육사역 지침, 신방방법 등에 대해 연구 제시한다.

(1) 화울러의 신앙발달 이론

1) 0단계(영아기의 미분화된 신앙)

"비록 진정으로 이것들은 전 단계에 속하여 있고 우리가 추구하는 종류의 실험적 연구조사로는 대부분 접근될 수 없는 것이기는 하지만, 이 국면에서 발전된 상호성의 질, 신뢰, 자율성, 희망과 용기(또는 이와 상반되는 것들)는 후에 신앙발달에서 오는 모든 것의 기초가 된다(또는 모든 것을 침해하려는 위협이 된다).

이 단계에서 나타나는 신앙의 힘은 기본적 신뢰라는 원칙이고 일차적인 사랑과 돌봄을 제공해 주는 사람(들)과의 관계적인 상호성의 경험이다.

2) 1단계(직관적-투사적 신앙)

"신앙은 아동이 일차적으로 관련된 성인들의 가시적 신앙의 실례들, 분위기, 행동, 이야기들에 의하여 강력하고 항구적으로 영향을 받을 수 있는 환상으로 가득 찬 모방적인 단계이다."

"이 단계의 선물, 혹은 부상되는 힘은 상상력의 탄생이다. 즉 경험의 세계를 강력한 이미지들로, 또한 아동의 직관적 이해와 감정을 실존의 궁극적 조건들과 연결시켜 주는 이야기들에 제시된 대로 통일하고 파악하는 능력이 탄생되는 것이다.

이 단계에서의 위험은 아동의 상상력이 억제될 수 없는 공포와 파괴적인 이미지들에 사로잡히는 것과 더 나아가 금기들과 도덕적이고 교리적인 기대들의 강요로 인하여 아동의 상상력을 고의적으로 또는 부지중에 악용할 수 있다는 점이다."

3) 2단계(신화적-문자적 신앙)

신앙은 인간이 그의 공동체에 속한 것을 상하는 이야기들, 신념들, 관행들을 취하기 시작하는 단계이다. 도덕적 법칙들과 태도들이 그러하듯이 신념들도 문자적 해석에 적합하다. 이 단계에 속한 사람들은 상호적 공평성을 기초로 하여 세계와 상호성을 기본으로 한 내재적 정의를 구성한다. 그들의 우주적 이야기들의 등장 인물들은 신인동형론 적이다. 그들은 상징적이고 극적인 자료들에 의하여 심오하고 강력하게 영향 받을 수 있고 발생한 것을 끝없이 세밀한 설화로 기술할 수 있다.

하지만 그들은 성찰적, 개념적 의미들을 형성하기 위하여 이야기들의 흐름에서 한 걸음 뒤로 물러설 수가 없다. 이 단계에 있어서 의미는 설화를 통해 전달되는 동시에 밀폐된다."

"이 단계에서 새로운 능력이나 힘은 경험에서 일관성을 발견하고 부여하는 방법으로써 설화가 발생하고 이야기, 연극, 신화가 출현한다는 점이다.

　문제주의라는 제약, 궁극적 환경을 구성하는 원리로서 상호성에 대한 지나친 의존은 지나치고, 과장된 완전주의, 즉 "행위로 통한 의"를 초래하거나 아니면 그 반대로 의미 있는 다른 사람들에 대한 학대, 무시, 명백한 불친절로 인하여 생길 수 있는 비열함을 초래할 수 있다."

　4) 3단계(종합적-관습적 신앙)

　"제3단계의 신앙은 청소년기에 나타나는 것이 보통이지만, 많은 성인들도 이 단계에서 영원히 평생상태를 유지하고 있다. 이 단계에서 개인 상호간에 관계성 속에서 궁극적 환경을 형성한다. 인간관계의 경험들을 확장시킴으로써 통일적 가치와 힘에 대한 이미지를 찾게 되는 것이다. 이 단계는 한 마디로 순응 단계라고 할 수 있는데, 그것은 이 단계에 있는 사람들이 자신에게 주요한 위치를 차지하고 있는 타인들에 기대와 판단에 예민하게 좌우되는 반면, 독자적인 관점을 형성하여 그것을 따르기에는 아직 자신의 자기 주체성과 자율적 판단이 충분히 성숙되지 않았다는 점에서 순응단계라는 것이다."

　5) 4단계(개별적-반성적 신앙)

　"화울러의 이론에 의하면, 3단계에서부터 4단계에로의 이행

이 특별히 중요성을 띤다. 제4단계는 성인 초기에 대체로 형성된다(그러나 많은 성인들이 이 단계에 이르지 못하고 있다는 사실과, 어떤 집단에서는 단지 30대 중반이나 40대에 이르러서야 비로소 이 단계에 도달하고 있다는 사실을 기억해야 한다)."

6) 5단계(결합적 신앙)

제5단계는 상호의존적 단계로서, 여기서 인간은 독립성을 상실함이 없이 타인에게 의존할 수 있게 된다. 이제 모든 사람들, 모든 집단들, 전체 인류가족과의 감정이입이 이루어지며 그들에 대한 적극적 관심이 있게 된다.

"또한 중요한 것은, 특정의 사회 계층, 종교적 전통, 혈연집단 등 특정한 집단에 속해 있기 때문에 자아체계 속에 깊이 심어져 있는 자신의 사회적 무의식 곧 신화, 이상적 이미지, 편견 등에 대해서도 비판적인 안목을 가지게 되는 것이다."

7) 6단계(보편적 신앙)

제6단계의 신앙은 이전 단계의 정점인 성숙된 신앙이다. 오직 극소수의 사람들만이 이 6단계의 신앙을 성취한다고 하울러는 믿고 있다. 예를 들면 간디(Gandhi), 마틴 루터 킹 목사(Martin Luther King Jr.), 테레사 수녀(Mother Teresa of Calculta), 하마슐드(Dag Hammarskjold), 본

회퍼(Dietrich Bonhoeffer), 헤셀(Abraham Heschel), 그리고 토마스 머튼(Thomas Merton) 등을 이 6단계의 신앙을 대표하는 인물들로서 들고 있다.

"제6단계에 속하는 사람들은 매우 희귀하다. 이 단계에 있다고 볼 수 있는 사람의 신앙은 모든 존재를 포괄하는 궁극적 환경을 감지하는 신앙이다. 그들은 포괄적이고 완성된 인류공동체의 정신을 실현하는 사람이며, 그러한 정신을 그대로 화육해 가는 사람들이다."

2. 신앙 발달 단계 이론에 대한 평가

지금까지 살펴본 바와 같이 화울러의 6단계 신앙발달 이론은 기독교 교육에 많은 시사점을 제시해주고 있다. 그의 이론은 상당히 의미 깊은 연구 결과라고 볼 수 있다. 그러나 동시에 몇 가지 문제점이 나타난다. 우선 문제점들을 살펴보면,

① 화울러의 이론이 지나치게 합리적이며 이론적인 성격이 강하게 나타나고 있지 않나 하는 점이다.
② 발달 심리학자들의 여러 이론을 참고하여 '일곱 가지 특수 능력'을 설정한 뒤 이를 평가하여 객관적인 신앙이라 규정한 것 같다.
③ 종교와 신앙을 분리시켜 놓고 '자아 발달'(ego develo-

pment)과 신앙의 개념을 거의 동일하게 정의한 점 때문에 아직도 비판과 논란의 대상으로 남아 있다.

한편 그가 주장한 신앙 발달 단계에 있어서 바람직한 시사점을 다음과 같이 제시한다.

① 신앙의 발달을 아는 것(knowing), 느끼는 것(pas-sion), 그리고 행하는 것(혹은 관계적인 것 ; relation)의 균형 있는 통일체로 정의한 점이다.
② 화울러의 이론이 제공되는 또 하나의 시사점은 청년들의 신앙 형태를 인습적인 것과 '개별적-성찰적'인 형태로 구별하여 그 특징과 한계를 명료화 할 수 있다는 점이다.
③ 각 신앙발달 단계마다 제시한 연령별 특징을 주일학교 신앙교육을 실시함에 있어서 많은 참고 자료로 활용할 수 있다고 본다. 특히 아래 언급할 초등부 어린이의 특성인 공동체의식이나, 신화적-문자적 신앙에 대해서는 대단히 사료 깊은 연구의 결과라고 생각된다.

3. 초등부 어린이의 신앙교육

위에서 화울러의 신앙발달에 대해서 살펴보았다. 그 중 초등부 어린이의 신앙발달 단계를 좀더 구체적으로 살펴보면, 여기에 웨스터호프(J.H. Westerhoff)의 견해를 참고하여 어린이 교육에 도움을 주고자 한다.

(1) 초등부 어린이의 신앙 특성

1) 신앙적 특성

"파울로의 신앙발달 단계 이론에서, '신화적, 문자적 신앙단계'(7~12세)에 해당하는 이 시기는 학령 전 어린이들에 비하여 사고할 수 있는 능력이 획득되고 점점 더 경험주의자가 된다. 이때는 거짓된 것으로부터 진실된 것을 구별할 수 있는 능력이 생기고 이것에 열심을 기울이며, 구체적으로 생각하는 구체적 조작기의 사고가 지배적이다. 하나님에 대한 형상은 전 단계의 기초인 신인동형론적 형상보다는 발달되나 거의 비슷하다. 그는 하나님을 세상 꼭대기에 사는 흰 수염을 가진 하얀 머리의 늙은 사람쯤으로 이해한다. 이들은 상징적이거나 드라마적인 요소에 의해 깊고, 강력하게 영향을 받아 일어나는 사건들을 상세하게 이야기로 묘사할 수 있다. 그러나 이야기 속의 의미에 대해서는 생각할 수 없다."

2) 공동체적 의식

어린이의 신앙은 그가 소속해 있는 신앙공동체의 생활 방식과 깊은 관련이 있다. 웨스터호프(J.H. Westerhoff)에 따르면, 아동기에 접어든 아이들은 어린 시절에 경험적 신앙에 대한 요구가 충족되어야 한다. 그러기 위해서 어린이들은 의식적으로 공동체와 관련을 맺고 소속하고 있다고 느끼는 일이 필요하며, 적극적인 참가에 의해서 공동체의 삶의 방식에 공헌할 수 있다고 느끼는 일이 필요하다.

더 나아가 어린이의 종교적 감정을 고양시키는 활동이 필요한데 이는 연극, 음악, 무용, 조각, 그림, 이야기들이다. 그리고 어린이들은 권위에 대한 감각을 가지고 있어서 공동체를 의식할 수 있다. 이러한 입장에 따라 웨스터호프는 어린이의 신앙을 '귀속적'인 것으로 보았다.

3) 표현성

어린이는 자신의 의식에 나타나는 경험을 나타날 수 있는 능력을 가지고 있고 도덕적 법칙들과 자신들의 경험을 기록하거나 말할 수 있다고 본다. 즉 그들은 이야기라는 매개체를 통하여 의미가 있도록 결속시키는 결속력이 있는 것이다.

특히 어린이들은 그들의 내면에 형성되는 모호한 충돌, 느낌, 이미지, 상징, 사례를 표현할 때 이야기에 의존한다. 이와 같은 입장에 따라 파울러는 어린이의 신앙을 신화적 문자적이라고 하였다. 이와 같이 어린이의 신앙적 특성은 그의 종교적 사고와 깊은 관련이 있어 구체적이며 직관적이고 그 자신이 소속해 있는 주일학교에서 어떤 경험을 갖고 있으며, 그 경험을 어떻게 이야기로 표현하느냐에 따라 영향을 받을 수 있다.

(2) 어린이를 위한 교육사역지침

1) 신앙공동체의 마련

　교회는 어린이들과 그들의 부모들이 한 곳에 모여 신앙생활을 할 수 있는 신앙공동체를 마련해야 한다. 이들을 위한 신앙공동체란 영아부, 유아부, 유치부, 유년부, 초등부 주일학교 등을 말한다. 신앙공동체는 땅속에 숨어있는 씨앗과 같은 어린이 영적 잠재성의 싹이 트여 자라날 수 있도록 해주어야 한다.

　다시 말하여 어린이의 내면에 숨겨진 영적 잠재성 혹은 영적 가능성이 발현될 수 있도록 해주어야 한다. 교회는 어린이 주일학교가 어린이의 영적 잠재성을 개발할 수 있는 주요한 공동체임을 인식하여 이에 대하여 적극적으로 지원을 해야 한다. 그리고 어린아기에 대한 영적 잠재성을 개발하기 위한 교육은 태아시절부터 시작 되도록 하여 태아를 가진 예비 부모를 위한 신앙공동체도 마련해야 한다.

2) 어린이들이 계속적으로 교회에 출석하게 하는 방법

① 지속적인 관심이 필요하다
　바울은 때로는 방문(심방)을 했고, 편지도 썼으며, 다른 사

람을 통해서 소식을 전하고, 또 소식을 듣기도 했다. 바울은 눈물로 복음을 들었던 그들을 위해 기도했으며, 밤낮으로 파고 드는 이단들을 대적할 수 있도록 아빠의 심정으로 그들을 돌보았다. 어린이들을 진심으로 사랑한다면 관심의 표현은 저절로 나타날 수 있다고 본다.

② **어린이들이 계속적으로 교회를 찾을 수 있도록 흥미와 감동이 있어야 한다**

성경학교나 수련회 기간에 있었던 감동과 흥미가 더 이상 어린이들에게 없다면 어린이들이 교회를 찾더라도 더 이상 교회를 찾고 싶지 않은 마음이 들지도 모른다.

따라서 계속적으로 연구하고 공부할 필요가 있다. 요즘 어린이들이 무엇을 좋아하는지, 그들의 경향, 그리고 어린이들의 문화 등등 모든 것을 연구하고 공부해야 한다는 것이다. 연구와 공부로 끝나지 말고, 반드시 그 연구의 열매가 있을 수 있도록 실천해 보는 노력이 필요하다.

③ **교사들의 헌신이 있어야 한다**

교사는 누구인가? 교사의 위치, 그리고 교사가 무엇을 하는 사람이라는 것을 정확히 알 때, 어린이들이 계속적으로 교회를 찾을 수 있도록 노력할 수 있다. 교사인 우리는 주인이신 예수그리스도를 위해 일을 하는 사람이다. 내 감정, 내 느낌, 내 생각을 내세우는 사람이 아니다. 오직 주님을 드러내기 위해 존재하는 사람이다.

④ 능력이 있어야 한다

바울은 능력이 있었다. 그의 행동은 인간적 노력으로 끝나는 것이 아니었다. 바울이 기도할 때 아픈 자들이 일어났으며, 바울이 복음을 전할 때 복음을 대적하던 사람들이 바울을 만났으며, 마음의 고통을 이길 수 있도록 위로할 때 큰 열매가 있었다.

능력 있는 교사가 되는 비결, 그것은 기초가 튼튼할 때 가능하다. 그 기초는 다름이 아니라 기도와 말씀이다. 우리는 바울과 같은 열정적 기도, 말씀 연구를 가지고 가르칠 수 없을지 모른다. 그러나 그렇게 할 수 있도록 흉내라도 내야 한다. 그러할 때 능력 있는 교사가 될 수 있도록 하나님께서 은혜를 주실 것이다.

⑤ 어린이들의 친구가 된다

대학생 100명에게 "자신을 가르쳤던 선생님 가운데 기억에 남는 선생님은 어떤 분인가?"란 질문에 어떤 대답이 가장 많이 나왔겠는가. 그것은 실력 있는 선생님이나 재미있는 이야기를 많이 들려주신 선생님이라기 보다는 자기를 이해해 주고 친구의 입장이 되어 주신 선생님, 자기와 함께 대화하고 자기와 함께 놀아주신 선생님이었다.

⑥ 사랑의 양육자가 된다

"선생님은 많으나 스승은 없고, 학생은 많으나 제자는 없다"

는 말이 있다. 이 말은 주일 교회학교에도 적용되는 말이다. 교사는 양육자이다. 참으로 부모가 교사의 심정으로 어린이들을 가르치고 돌보고 있는가. 그저 주일날 단 하루만 교사의 역할을 하고 다했다고 만족하고 있지는 않는가.

주일 교회학교의 부흥은 교사들의 눈물과 희생으로 말미암은 어린이들의 제자화에 있다. 오늘 한국 교회는 교인은 많으나 제자가 없다. 주일 교회학교에도 주일 교회에 출석하는 아이들은 많으나 진정한 예수님의 제자는 없다.

오늘 1,200만 성도를 자랑하고 있지만 이 사회를 움직이고 변화시키는 영향력 있는, 능력 있는 크리스챤이 과연 몇 명이나 될까? 예수님은 12명으로 세계를 복음화시켰다. 문제는 사람이다. 추수할 것은 많되 일꾼이 적은 이 시대에 우리 교사가 내일의 한국을 이끌어갈 능력 있는 지도자를 양육할 꿈을 꾸어본다.

(3) 심방의 방법

1) 심방지침

① 어린이들과 삶을 나눈다.
어린이들의 고민과 문제를 제대로 파악한다.

② 어린이 하나 하나를 위해 기도해 준다.

③ 어린이들과 **접촉할 시간을 많이 마련한다.**

전화나 심방을 생활화한다. 전화는 가급적 주일을 대비하여 토요일 저녁이 좋고, 심방은 둘 사이를 더욱 가깝게 묶어주는 더욱 튼튼한 끈이 된다. 특별히 결석자는 반드시 심방 하여야 한다.

심방을 떠나기 전 찾아가는 어린이가 어떠한 어린이이며, 왜 심방을 하며 무엇을 교육해야 할 것인가에 대한 교사의 구체적인 준비가 필요하다. 그러나 심방의 종류에 따라서 그 준비는 조금씩 다를 수 있다.

2) 심방 종류

① 결석생 심방

② 새로 등록한 어린이 심방

③ 대 심방

어린이의 대 심방은 장년들의 대 심방과 비슷하게 실시하되 봄철 대 심방은 어린이의 봄방학을 이용하여 실시하고 가을철 대 심방은 여름 성경학교를 마치고 2학기 개학 직전에 실시하는 것이 효과적이다. 심방대원은 각반교사, 지도전도사, 부장, 총무, 담임목사가 팀을 나누어 일제히 실시하는 것이 좋다.

이때 심방 시간은 예배(15분), 상담(15분) 정도로 모든 순서를 마치는 것이 효과적이다.

④ 전화심방

⑤ 엽서심방
학교로 편지를 보내기, 가정으로 편지를 보내기.

⑥ 문병 및 축하심방
질병으로 누워 있는 어린이는 활발한 활동을 하지 못하므로 재미있게 들을 수 있는 성경동화 테이프나 소책자를 전하여 주고 같이 대화를 나누며 신앙 지도를 하는 것이 좋다.
또한 축하를 받아야 할 어린이가 있을 때 축전을 띄워 준다든지 직접 찾아가 조그마한 선물을 전하여 축하하여 주는 것이 바람직하다.

(4) 심방시 주의할 점

① **심방 예고를 하라.**
예고 없이 불시에 방문하면 당황해 하거나 불쾌감을 줄 수 있기 때문이다.

② **심방 받는 가정의 상황을 빨리 파악해야 한다.**

집안의 바쁜 일이나 불미스러운 일이 진행되고 있을 때 심방자는 간단히 면담만 하고 다음 기회로 미루는 것이 효과적이다.

③ 사랑의 흔적을 남겨라.
심방자가 사랑하는 어린이를 위해 조그마한 선물을 준비하여 전해줄 때 심방의 기념이 될 수 있고 그 선물을 어린이가 오래도록 간직하고 있을 것이다.

④ 복장을 단정히 하고 겸손을 잊지 말아야 한다.
너무 요란한 치장과 복장은 추하게 보일 수도 있기 때문이다.

⑤ 대화(상담)는 긍정적으로 맺어라.

⑥ 어린이만이 간직해야할 비밀스러운 일들을 부모에게 공개하지 말아야 한다.
만약 교사가 어린이의 비밀을 누설했을 때 어린이는 교사와 대화를 나누길 원치 않을 것이다.

지금까지 화울로의 6단계 신앙발달 이론과 어린이 신앙교육에 대해서 간략히 살펴보았다. 화울러의 이론은 지나치게 합리적인 성격이 강하며 신앙성장을 너무 점진적인 면에 취중하고 성령을 통한 순간적인 변화나 성장은 소홀히 한 점이 있는 것 같다. 그럼에도 불구하고 그의 이론은 주일학교교육을 실시함에 있어서 **연령별 신앙 단계**에 대한 관심과 연구를 하도록 하는 촉진제 역할을 했다고 본다.

특히 영아기의 미분화된 신앙과 직관적, 투사적 신앙 단계의 모방성과 신화적-문화적 단계의 신앙의 공동체 의식과 표현성의 주장은 초등부 신앙교육에 시사한 바가 크다고 본다. 따라서 목회자들과 신학생들은 물론 주일학교 일선에서 교육을 담당하는 교사들에게 그의 저서 "신앙발달 이론"의 일독을 권하고 싶다.

한편 어린이 신앙 교육에 있어서 그의 초등부 이론에 더하여 어린이들에 대한 지속적인 헌신, 관심, 사랑, 심방 등을 권하고 싶다. 끝으로 급속히 변하여 가는 21세기 시대 상황에 부응하여 컴퓨터, OHP 사용 등을 권하고 싶다.

4. 불교적인 사고

(1) 어린이 교육은 부모님의 태교로부터

불교에서는 어린이 교육은 부모님으로부터 시작된다고 본다. 부모가 성숙되지 못하면 아이들도 성숙되지 못한 경향이 있기 때문이다.

심지관경에 "밭이 튼튼하면 곡식이 잘 되고 밭이 각박하면 곡식이 잘 되지 않는다" 하셨고, 청정경에 "부모가 청정하면 자식도 청정하다" 하였다.

그렇기 때문에 준제보살은 77구지(억) 부처님의 어머니가 될 때 "청정" 하나로써 자식을 길렀던 것이다.

애인을 만나면 "저 사람은 장차 내 자식 부처님의 아버지 부처님이 되실 분이다" 생각하며 살아있는 부처님으로 깎듯이 모시고 사랑을 할 때도 부처님을 대하는 마음으로 사랑을 한다.

결혼하여 아이를 가지면 "내 이제 내 뱃속에 아기 부처님을 가지고 있으니 일거 일동을 불공하는 마음으로 해야 되겠다" 생각하고 음식을 먹을 때도 귀떨어진 음식이나 모난 음식, 악독한 음식을 먹지 않고, 걸음을 걸을 때도 뒷골목이나 으슥한 장소를 가지 않으며, 말을 할 때도 거짓말이나 이간질 꾸미는 말 악독한 말을 하지 않고 오직 자비 선량한 말과 행동으로 그 마음을 쓴다.

이렇게 하여 아이가 태어나면 "너는 장차 부처가 되어 세상을 구할 사람"이라 인식시키고 싯다르타가 만인 앞에 모범이 되듯 그러한 마음으로 아이를 기른다. 이기고 지고 승부에 관계없이 서로의 마음을 어여삐 여기고 불쌍한 사람을 돕고 잔인한 마음을 갖지 않도록 한다.

데바닷다가 나는 새를 쏘았을 때 싯다르다는 자기 동산으로 떨어진 새를 주어 상처를 치료하여 주었으며, 죽은 코끼리를 치워 마을 어귀를 깨끗이 청소하였다. 병든 이를 불쌍히 여기고, 노인들을 가엾이 생각하고 죽은 사람들을 보면 심각하게 생각하였다.
　사실 생각하면 선과 악은 한 생각에 달려있다. 마치 제왕의 생각 하나에 따라 사람을 죽이느냐 살리느냐 하는 것과 같이 한 생각에 원한을 가지면 복수가 나타나지만 한 생각 은혜로 우면 천지를 밝게 하기 때문이다.

(2) 밝은 마음과 어두운 마음

　불교에서는 죽고 사는 마음을 크게 두 가지로 가르치고 있다. 밝은 마음(明)에 의하여 밝은 행(明行)을 일으키고 밝은 생각(明識)을 가져 정신과 육체(名色)을 밝게 하고 눈·귀·코·혀·몸·뜻(六入)을 밝게 가져 세상의 모든 것을 접촉(觸)하고 받아드리되(受) 좋아하는 것을 사랑하고(愛) 취(取)하되 거기서 얻어진 법 또한 밝게 가진다(有). 그래서 그 밝은 마음에서 싹이 터(生) 자란 인생은 밝게 늙고(老) 밝게 병을 앓다가(病) 밝게 죽는다(死). 세상을 위해 났다가 세상을 위해 죽고 은혜 속에 살다가 은혜 속에 죽는다.
　이것이 열 두 가지 과정 인연이다.
　반대로 어두운 마음(無明)에 의해 세상을 살아가는 사람은 죽을 때도 어두운 마음으로 죽기 때문에 어두운 세상에 태어나게 된다. 탐욕과 성냄, 어리석음, 거만, 의심 속에 산 사람은 지옥, 아귀, 축생이 되고 보시와 청정, 지혜에 의한 생활을 한 사람은 천당이나 인간, 수라의 세계에 태어나게 된다.
  그러므로 어린이들에겐 되도록 밝고 선한 것을 보여주고 그와 같은 이야기들을 들려준다.

  (3) 권선징악(勸善懲惡)

  불전에는 500본생담이 나온다. 부처님이 사바세계 중생을 제도하기 위해 이 세상에 태어나기를 8천 번이나 하는데 그 가운데 부처의 후보자로써 인생을 500번 바꾸어 난다는 것이다.
  어떤 때는 지극히 선한 사람으로 나오고 어떤 때는 지극히 악한 사람으로 나온다. 지극히 선할 때는 자기 몸을 희생하여 굶어 죽어 가는 호랑이 새끼를 살리기도 하고, 배고픈 노인들을 위해 자신의 몸을 구워 공양하기도 하여 황후가 병이 나서 죽게 되었을 때는 임금님의 음식을 훔쳐 공양하다가 잡히기도 한다.

  1) 보시태자의 이야기

  한번은 형제들과 함께 등산을 가다가 새끼를 낳고 굶어 죽게 되어있는 호랑이를 보고 높은 바위에서 떨어져 그 몸을 박살냄으로써 그 어미와 새끼를 한꺼번에 구원하였다.
  그 증거로 지금도 희말라야 중턱(네팔)에 보시태자의 사신

탑(捨身塔)이 세워져 있다.

2) 달 속의 토끼

제석천왕이 온 세상을 내려다보니 여우, 토끼, 거북이 세 마리가 다정하게 살아가고 있었다. 얼마만큼 남을 위하고 사는가 보기 위해 늙은 할아버지로 변하여 땅위로 내려왔다. 숨을 헐떡거리고 걸음을 제대로 걷지 못하는 할아버지를 보고 여우, 토끼, 거북이가 말했다.
"어찌하여 그렇게 힘이 없으십니까?"
"배가 고파 죽겠다."
이 말을 들은 여우는 공동묘지에 가서 당장 죽은 송장을 물어 오고 거북이는 물 속에 들어가 피라미를 잡아왔다.
그런데 토끼는 계수나무 가지를 주워 모닥불을 피워 준비를 해놓고 그 위에 올라앉아 "내 나이 늙어 이 몸을 어떻게 처리할까 하고 걱정하였는데 마침 공양처가 생겨 고맙다" 하고 그 몸을 익혀 힘없는 할아버지에게 공양하였다.
제석천왕은 감격하여 그의 모습을 달 속에 넣어 영원히 그 모습이 없어지지 않게 하였다. 그래서 달을 옥토(玉兎) 즉 "옥토끼"라 부르는 것이다.

3) 금까마귀 이야기

부처님께서 한번은 금까마귀로 태어나 있었다. 임금님 부인

황후 까마귀가 알을 품고 있다가 궁중 음식이 먹고 싶어 온 몸이 새까맣게 타 들어가고 있었다.

"어찌하여 그렇게 몸이 새까맣게 변합니까?"

"궁중 음식이 먹고 싶어서입니다."

그러나 어느 누가 감히 임금님 음식을 가져올 자가 있겠는가. 모든 까마귀들이 겁을 먹고 나서지 못할 때 오직 이 금까마귀 한 마리가 "내가 가져오겠다" 하고 살신섭생의 자세로 길을 나섰다.

주방장이 수라상을 머리에 이고 조심스럽게 나올 때 금까마귀는 그 위에 사뿐히 내려앉아 궁중 음식을 한 움큼 물고 날아갔다.

한 번 두 번 세 번째에 이르자 나라의 임금님께서 그 까마귀를 잡아 오라 하여 사냥꾼이 그물을 쳐서 잡았다. 임금님께서 물었다.

"너는 어찌하여 나의 음식을 훔쳤느냐?"

"우리 황후의 병을 치료하기 위해서입니다."

"아, 거룩하도다. 사람도 하기 어려운 일을 까마귀가 하다니…"

하고 대왕께서는 하느님께 부탁하여 그 모습을 해 속에 넣음으로써 해는 그 때부터 금오(金烏), 즉 "금까마귀"라 부르게 되었다 한다.

4) 바르고 정직하게

불교에서는 이렇게 착한 어린이들을 바르고 정직하게 살도록 가르친다.
  죽어 가는 것들을 살리고
  무엇을 빼앗을 마음을 버리고
  베풀어주는 마음을 갖도록 가르치고
  이성을 바른 눈으로 보아 좋은 친구를 사귈 것을 가르치고
  거짓말 하지 않고 바른 말 진실한 말, 화합하는 말 착한 말을 하도록 가르치며
  술이나 마약을 마시고 정신을 흐리게 하는 것을 하지 못하게 한다.
  왜냐하면 정신이 흐려지면 몸과 말이 비뚤어지기 쉽기 때문이다.
  그리고 지나치게 사치하거나 허비하는 마음을 갖지 않도록 하고
  되도록 정신과 마음을 좌정하여 청정한 범행(梵行)을 닦도록 가르친다.
  때 아닌 때 음식을 먹는 것을 주의시키고 지나친 장난으로 사람의 마음을 상하지 않게 하도록 노력한다.
  이것이 불교에서 어린이 교육에 심혈을 기울이는 것이다. 물론 어린이들의 성장과정을 통해 그들에게 알맞는 교육을 실시하는 것은 화울로 교육의 이론과 비슷한 단계를 통해 듣고 보고 깨닫고 알게 하는 시청각 교육을 보다 심도 있게 지도한

다.
  그리고 홍길동, 서유기(손오공) 같은 이야기들을 들려주어 신통하고 정의로운 인생과 참된 삶을 할 수 있도록 지도한다.

(4) 보조국사의 계초심학 입문

  보조국사는 한국불교의 중흥조사다. 송광사를 짓고 초심학인들을 위하여 다음과 같은 글을 지었다.

① 악한 벗을 멀리하고 어질고 착한 벗을 사귀라.
② 5계와 10계등을 받아지니라.
③ 부처님 말씀을 의지하고 용렬한 무리들의 망령된 말을 따르지 말라.
④ 항상 부드럽고 착한 마음으로 대중을 상대하라.
⑤ 자만하지 말라.
⑥ 큰 사람은 형을 삼고 작은 사람은 동생을 삼으라.
⑦ 다투는 자가 있으면 좋은 말로 회향시키되 사람을 상하게 하지 말라.
⑧ 벗을 속이고 업신여기지 말라.
⑨ 옳고 그름을 따지지 말라.
⑩ 재물과 색을 조심하라.
⑪ 남의 비밀을 캐지 말라.
⑫ 세면하고 목욕하고 빨래할 때 질서 있게 하라.

⑬ 길을 걸을 때 옷깃을 헤치고 팔을 흔들지 말라.
⑭ 말할 때 희롱하는 웃음을 짓지 말라.
⑮ 중요한 일이 없으면 문밖에 나가지 말라.
⑯ 병든 사람을 자비심으로 수호하고
⑰ 손님을 기쁜 마음으로 접대하라.
⑱ 어른을 공경하고
⑲ 검소한 생활을 하라.
⑳ 음식 먹을 때 소란 피우지 말고 법답게 먹으라.
㉑ 예불 드리고 법회 할 때 장난치지 말고 그 의식의 내용을 잘 외워 어지럽히지 말라.
㉒ 죄가 있으면 즉시 참회하라.
㉓ 절 안의 불사에 대하여 칭찬할지언정 나쁜 말을 드러내지 말라.
㉔ 법문을 잘 듣고 법사를 공경하고 존중하라.

인도 선교전략

인구로 볼 때 9억 인구의 인도는 중국 다음의 나라이다. 인도는 2만5천의 종족, 800여 개의 언어 70여 개의 종교가 있다. 종교인들의 분포를 보면, 힌두교 인이 85%, 이슬람교가 10%, 그리스도교가 2.3%, 불교가 0.6%이다. 힌두교는 오랜 역사를 통하여 발전되었고 너무나 많은 종파로 분열되어 이해하기가 대단히 어렵다.

특히 힌두교의 이해를 어렵게 하는 것은 현재의 힌두교는 철학적 힌두교, 대중적 힌두교, 부족적 힌두교, 신비적 힌두교, 세속적 힌두교로 신앙과 실천이 너무 다양하게 되었기 때문이다. 하나의 신앙으로서 힌두교는 모호하고 형체가 없고, 너무 다양하여 모든 사람에게 모든 것으로 보인다. 힌두교는 일상적인 종교의 개념으로 말하면 종교로 정의하기가 어렵다.

힌두교의 과거나 현재는 높은 자의 신앙과 윤리를 포용한다. 힌두교의 본질적 정신은 살고 살게 하라는 것이다. 그러나 이와 같은 힌두교의 모호성과 다양성은 기독교 선교를 매우 어렵게 하고 있다.

힌두교는 기독교를 받아들이되 기독교의 절대성은 거부한다. 이러한 포용적 성격을 지니는 힌두교는 기타 타종교들을 모두 혼합 수용하여 다른 종교의 선교를 매우 어렵게 하는 성질을 지니기 때문이다.

그러나 고래로 그들은 정확한 제사를 위하여 월일과 항성의 관계를 취급하였으며, 제단과 공물 양의 면적에 관한 규정으로 수학을 발전시켰을 정도로 머리가 비상하다. 인도인들은 마치 마게도니야 사람들이 자기들을 구원하여 달라고 손을 흔든 것과 같이 창조주 자재천을 찾고 있다고 하겠다.

그러므로 선교에 있어 황금어장과 같은 인도는 한국 종교인들의 선교 대상지로서 비상과 관심의 대상일 수밖에 없다. 한국 종교인들이 세계선교의 사명을 다하기 위하여는 반드시 인도를 복음화 하여야 한다고 생각한다. 따라서 본고는 포괄적 성격의 종교성을 지니고 이교도들의 선교를 위협하는 힌두교의 나라 인도에 대한 연구와 그에 따른 선교 전략을 세워보고자 한다.

1. 힌두교의 역사와 기본사상

(1) 힌두교의 이해

힌두교(Hinduism)란 말은 서구인들이 힌두인들의 종교를 지칭하기 위해 사용하는 용어이고, 그에 대한 정의 역시 서구인들에 의해 시도된 정의라 볼 수 있다. 힌두인들은 자신들의 종교를 "사다다"(Sadhana)로 이해한다. 이 말은 목표에 이르다, 목표를 달성하다를 뜻하는 어근 사다(Sadha)에서 나온 말로 목표와 목표에 이르는 수단, 그리고 진리와 진리에 이르는 길 모두를 의미한다. 즉 "사다나"는 삶의 최고의 목표에 이르는 길 또는 그것을 달성하는 길이라고 할 수 있다.

(2) 힌두교의 역사

힌두교는 아리안들이 자기들의 인종적, 사회적 우월성을 유지하기 위하여 위라는 것을 이론적으로 변증하는데 기여한 대표적 인물은 비베카난다와 간디이다. 양자는 영국에서 공부하였고 기독교와도 접촉하여 서양문명과 기독교를 잘 알고 비판하였다. 비베카난다는 그리스도가 당시 유대 나라의 사회적 상황에서 나온 예언자적 인물로 어디까지나 그는 유대의 화신(Incarnation)으로 말한다.

간디도 그의 유명한 자서전 "나의 진리 체험담"에서 기독교의 배타성과 서구화를 신랄하게 비판한다. 그는 "힌두교가 흥미 있는 종교이며 자기가 아는 종교 중에서 가장 최고"라고 고백하였다. 그의 하나님은 비인격적인 진리이고, 비폭력은 신에 도달하는 길이었다.

(2) 힌두교의 중심사상

1) 힌두교의 경전

인도로 침입한 아리안의 종교문헌을 베다(Veda)라고 한다. 베다라는 것은 알다(vid)라는 말에서 온 것이다. 여기서 안다는 것은 종교적인 지식을 말하는 것으로써, 이러한 종교적인 모든 지식을 기록해 놓은 성전을 베다라고 한다.

베다에는 4가지가 있다. 리그 베다, 사마 베다, 야주르 베다, 아타르바 베다가 그것이다. 리그 베다는 신에 대한 찬가로 권수로 10권, 편수로 1천 17편, 송수로는 1만 5백 80송이다. 사마 베다는 신을 찬미하는 음부가 붙은 시가집이다. 야주르 베다는 제사의 실제에 있어서 공물을 바치는 여러 가지 일을 담당하는 제관이 행하는 일들을 모은 것이다.

이들 세 가지 베다를 근본이 되는 삼히타 라고 하여 이에 절대적인 권위가 부여되었다. 그리고 이 뒤에 축법을 중요시하게 되어 이것들을 모아서 베다문헌에 첨가한 것이 아타르바 베다이다.

2) 힌두교의 주요 교리

① 신관과 우주관

힌두교의 경전에 나타나는 신관과 우주관은 너무나 복잡하고, 또 때로는 너무나 모순되게 설명되어 많은 혼란을 일으킨다. 바가바드-기타에서 잠시 인용된 것 같이 신은 인격적이기도 하고, 비인격적인 면이 있다. 그러나 인도인들은 최고의 신은 인간의 개념과 정의로 설명할 수 없는 것으로 생각한다.

즉, 신을 인격적으로 묘사하는 것은 신을 제한적인 존재로 해석하여 위대한 신에게 인격성을 부여하기를 거부하는 점에서 기독교와는 본질적으로 다르다. 따라서 인도인들이 신을 생각하고 믿는 것은 사회 계층별로 다양하게 나타난다.

첫째는 신에 대한 불가지론의 태도로서, 최고의 신은 이해할 수 없다는 것이다. 최고의 신은 브라만으로 생각하는데 이 신은 존재의 근원이라고 할 수 있다. 이 점에서 힌두교는 신과 피조물의 구분이 없는 하나이기 때문에 단일본(monism)이다. 최고의 신을 믿는 다음 단계로서 인도인들은 많은 신들을 믿는데 그 가운데 사람들은 자기가 원하는 하나의 신을 믿고 숭배하는데 이러한 신의 택일을 뮐러는 교제 일신론이라고 정의한다.

신 이해와 숭배의 다음 단계는 신의 화신(incarnation)이다. 인간의 몸으로 태어난 신을 믿는 것은 추상적 신을 믿는 것보다는 쉬운데, 이것은 헬라와 로마의 신화와 유사하다. 마지막으로 가장 낮은 신 이해의 단계는 많은 귀신과 우상을 섬기는 것이다. 이것은 주로 대중적 힌두교의 보편적 현상으로 농촌의 사람들에게 성행하는데, 이들은 베다경에 나오는 브라만 신에 대한 지식이나 정보는 전무하다.

그러나 브라만보다는 낮은 신을 섬겨도 최고신에 도달할 수 있는 것으로 믿는다. 힌두교의 세계관은 우주란 끝없는 반복으로 시작도 끝도 없다. 그러나 리그 베다경에 세계 발생에 대하여 간단하게 언급한다. 태초에 무한하고 형태가 없는 Tad Ekam이라는 원시 대양이 있었는데 그것은 곧 "절대(That One)"였다. 어떤 신비로운 이유 때문에 창조주 신은 황금의 씨로 변하여 타드 에캄 속에 들어갔는데, 그 씨가 대양에 스며들자 우주가 창조되기 시작하였다. 이러한 유출의 성격으로 인하여 힌두교에는 조물주와 피조물의 구분이 없고, 인간은 소우주이고 우주는 대우주이다 라고 주장한다.

② 죄 관

힌두교에서 죄란 형이상학적인 원리들에서 벗어난 행위를 말한다. 힌두교에서 인간의 행위는 업을 낳는다고 한다. 그러나 인간은 아무런 행동을 하지 않고 살수는 없다. 바가바드 기타에서는 행위 자체는 구속하는 이이 없다고 한다. 인간의 행위가 업을 낳는다 할 때 그것은 바르지 못한 행위를 행할 때를 말하는 것이다.

윤회는 바른 행위를 하지 않을 때 일어나는 것이다. 여기서 바른 행위란 의무의 행위를 말한다. 이러한 무집착적인 의무의 행위는 업을 낳지 않아 윤회를 일으키지 않으나 의무에 어긋나는 행위는 업을 낳아 윤회를 일으키는 것이다. 업을 일으키지 않는 행위자는 성패에 대해 집착하지 않으며, 평정심을 가지는 자이다.

기독교에서의 죄는 하나님과 그의 뜻과의 관계에서 나오는 것으로 하나님의 율법에 이르지 못하는 것이다. 죄란 인간이 책임을 질 수 없는 연약성, 실수, 불완전성과 같은 수동적인 어떤 것이 아니라, 하나님을 적극적으로 반대하는 것이며 그의 율법을 적극적으로 범하는 것을 죄책(guilt)이라고 불리는 것이다.

③ 구원

힌두교의 구원론은 설명이 그리 용이하지 않다. 힌두교의 구원은 물질의 세계에서 해방되는 것인데 이것을 목샤(moksha)라고 한다. moksha는 해방시킨다는 뜻을 의미하는 단어에서 파생된 것으로 자유, 해방, 석방 등을 의미한다. 여기에는 부정적인 것과 적극적인 면이 있으니 부정적인 현상 세계로부터의 해방을 의미하며, 적극적인 면은 평안과 완전에 도달하는 최고의 영적 상태를 의미한다.

따라서 힌두교가 지양하는 인간의 최대 목표는 "나는 브라만이다(atman brahman)"로 표현되는데 이것은 윤회(samsara)와 업보(karma)의 굴레에서 벗어나는 것이다. 바가바드-기타에는 moksha는 악에서 해방, 육체로부터의 해방, 욕망과 분노에서 해방, 쇠약과 죽음에서 해방, 업보와 환상(maya)에서 해방을 언급한다.

힌두교의 구원론에서 업보(karma) 교리가 중요하다. 이것은 기독교 선행의 교리인 심은 대로 거둔다는 원리에 해당하는 인과응보의 사상이다. 업보란 인간의 현세의 운명은 전생의 행위에 의하여 결정되며, 반면 완전히 구원에 이르지 못할 때는 현세의 행위는 다음 생애의 신분과 운명을 결정한다.

세 번째, 구원의 길인 헌신은 기독교가 말하는 경건과 같이 신에 대한 충성과 봉사를 말하는데, 특이한 것은 힌두교에도 최고의 헌신은 자신을 위하여 신을 믿고 충성하는 것이 아니라 신에 대한 사랑에 기초해야 하면서도 동시에 그 헌신이 이웃에 대한 봉사와 사랑으로 표현되어야 한다는 것이다. 이러한데서 완전히 해방된 사람이야말로 확실하게 자아실현의 위치로 올라간다. 헌신은 역시 바가바드-기타에 잘 나타난다. 결국 힌두교의 구원의 방법은 타율에 의한 것이 아니라 자율에 의하는 행위의 종교이다.

④ 계급제도(caste)

자유를 얻는 세 개의 고전적인 길이 힌두교 사회에 나타나 있지만 그것은 계급제도 위에 세워져 있다. 힌두교의 계급제도는 사회적 신분에 따라 의무가 각각 주어지는 다섯 개의 범주로 되어 있다.

브라만(vrahmins) 계급이 가장 특권을 지닌 계급이다. 그 계급은 베다경의 보관자며 전달자로서 일반적으로 세상을 주

관한다.

크샤트리야(kshatriyas)는 전사 계급으로 통치 계급이다. 왕들, 왕자들, 정치자들, 군인, 경찰 등이 이 무리를 형성한다. 이 계급은 정책을 세우고, 세금을 거두어들이며, 국민을 보호한다. 그러면서도 브라만의 우월성을 인정하여 그들을 믿고 그들로부터 도덕적 교훈을 받아들인다.

바이샤(vaisyas)는 세 번째 계급이다. 중간직업에 종사하는 자들이 여기에 속하는데 상인, 무역업자, 교사와 예술 장식가들이다.

수드라(sudras) 계급은 농부 및 일반 고용인들로 구성된 계급이다. 이 계급은 위에 언급한 세 계급들 주위를 감싸주는 지지 조직체들이다. 지금까지 발전해 온 또 다른 마지막 계급이 있는데 계급 밖의 계급 혹은 천민이라 부른다.

천민들은 인도에 이주 해온 외국인이다. 그들은 다른 네 계급들과 거의 접촉이 없다. 그들은 세탁, 신발닦이, 시체를 화장하는 따위의 업종에 종사한다. 그들은 다른 계급들의 종교의식에 접근조차 하지 못한다.

이 카스트제도(caste system)는 아직도 인도에 남아 있다. 그러나 이 제도는 1948년에 죽은 마하트마 간디(Mahatma Gandhi)에 의해서 말과 행동으로 비판과 공격을 받았다. 간디는 신은 모든 계급에 속한 인도의 모든 사람들의 마음속에 있다고 믿었다. 그는 신의 능력은 사람들 안에 있다고 말했다.

3) 힌두교의 평가

우리 사회의 상황에서 인도의 정치, 경제, 사회 문제에 적절한 해결책을 생각하면 인도 문화와 사회를 지배하는 힌두교를 고려하지 않고는 안된다. 힌두교의 긍정적인 측면을 논한다면, 힌두교는 동양 종교의 모체가 될 정도로 비중을 차지한다. 불교와 시크교와 자이나교는 힌두교에 근원을 두고 있으며, 동양 종교는 대부분 신비적 요소가 있는데 이것은 힌두교에 입은 바 영향이 크다.

또한 힌두교 철학과 종교는 타골, 간디, 네루 같은 세계적 인물을 배출하여 "빛은 동방에서"라 할 때 이 말은 인도를 연상한다. 그러나 이러한 긍정적 측면에도 불구하고 성경적 관심에서나 사회적 관점에서 부정적인 측면을 다루지 않을 수 없다.

① 불평등의 사회관

지금 법적으로는 카스트 제도가 폐지되었지만 실제로는 보이지 않게 현존하는 습관이 되었다. 특히 브라만 계급의 사람들이 신에게 더 가깝다는 식의 계급적 구원론은 평등사회를 지향하는 시대 풍조에서 바람직한 교리가 될 수 없는 것이다. 이러한 계급적 종교가 사회에 민주주의적 정치 윤리를 제공할 수 없다.

우선 힌두교는 브라만의 세계로 귀의하는 영적 구원론을 말하나 그것은 두 번 태어난 수드라를 제외한 상부의 계급의 사람들에게 국한되는 것이고, 수드라와 불가촉 천민들은 상황이 다르다. 여기서 막스 베버가 지적한 것 같이 같은 종교가 각기 다른 형태의 구원적 가치를 제공하는 양태이다.

② 종교 혼합주의

힌두교는 존재의 근원인 브라만을 최고신으로 믿으면서도 브라만에게는 인격성을 부여하기를 거부하는 대신 많은 신들과 우상들과 신상들을 만들었다. 성경적으로 볼 때 힌두교는 성경이 금지한 우상 문화를 발전시켰고, 그로 인하여 성경의 교훈대로 서구 식민주의를 통하여 큰 수치를 당하였다.

힌두교는 종교적으로 볼 때 성경에서 금지하는 혼합 종교이다. 토인비는 힌두교의 종교적 기원을 수메르 종교로 지적하는데, 그의 이론과 같이 힌두교는 아리아인들이 인도로 이주하면서 가져온 종교이며, 여기에 인도 원주민들의 애미니즘을 흡수하여 처음부터 강한 흡수력과 포용성을 과시하였다. 힌두교의 혼합성과 포용성에 대하여 카모디는 다음과 같이 말한다.

일부 학자들은 힌두교란 각종 신들과 여신들과 사상들과 의식을 복잡하게 혼합시킨 아리안 종교와 원주민 전통의 결합체로 해석한다. 어떤 힌두교 종파는 성적 상징적 표현을 생각하여 남녀 신들이 성교하는 장면을 꺼리지 않는다. 또 어떤 종파는 극단적인 금욕주의로 치달아 신도들이 완전 나체로 도를 닦을 정도이다.

③ 역사 의식과 도덕성의 결여

힌두교의 현실적 문제점은 힌두교가 인도인들에게 실제적으로 역사 의식과 도덕성을 제공하지 못하였다는 점이다. 힌두교는 처음부터 신화와 역사의 한계에 분명치 않아 역사성이 결여되었다. 역사 의식의 결여는 일반적으로 동양 문화가 공통으로 가지는 약점이지만, 힌두교는 이것이 더 강하여 내일을 위한 창의적 준비가 부족하다.

또한 힌두교는 샤머니즘처럼 인간의 욕구를 충족시키려는 현실적 필요성에 의하여 신들을 만들었기 때문에 종교에서 도덕성을 기대할 수 없다. 기독교는 죄를 윤리적 차원에서 규정하지만 힌두교는 무지가 죄라는 점에서 비윤리적이다. 실제도 인도인들이 일반적으로 생각하는 죄의 개념은 사람에 따라, 종파와 종족에 따라 대단히 다양하다.

④ 비합리적 풍속과 습관

힌두교는 불합리하고 비도덕적인 의식과 관습을 만들어 인도의 근대화에 장애가 되었다. 힌두교의 반인류적이고 반사회적인 습관들과 제도들을 일부 개혁자들이 시정하려고 노력하였지만, 큰 성공을 거두지 못하였다. 물론 지금은 상당히 시정되고 폐지된 것도 있으나 상존하는 것도 있다.

힌두교의 잘못된 문화는 카스트와 여성의 비하이다. 간디는 카스트 제도는 힌두교의 비본질적인 것이기에 폐지되어야 한다고 외쳤고, 경전에도 이것을 정당화하는 것이 없다고 변명하지만, 그러나 카스트 제도가 없는 힌두교는 상상할 수 없을 정도로 인도 사회를 지배해 왔다. 여자는 남편이 죽은 다음에는 재혼이 금지되었고, 남자의 불륜은 용납되지만 과부의 불륜은 더욱 정죄 되었다. 힌두교와 관련된 인도의 악습은 과부의 생화장(sati)이다.

물론 이 제도 역시 영국 정부가 19세기초기에 법령으로 금지하였지만 지금도 종종 행해지는 것으로 전해진다. 힌두교는 남근신 숭배의 신앙이 있으며, 네팔에는 동네마다 남근신을 모시는 작은 사당이 있어서 아들을 낳지 못하는 여자들이 하체를 접촉하면서 아들을 달라고 기도한다. 남근신은 우리나라에도 현존하는 민속 신앙이지만 이것은 힌두교 자체의 것은 아닌 샤머니즘의 영향이다.

고대 로마와 중동의 많은 종교는 인간 제물의 제도가 있어서 사람을 신에게 희생 제물로 바쳤다. 구약의 선지자들은 이러한 인간 희생 제물을 정죄 하였다.

"너는 결단코 자녀를 목렉에게 주어 불로 통과케 말아서 네 하나님의 이름을 욕되게 말라."(레 18:21)

힌두교의 특정 절기에 많은 사람들은 간디스 강이나 성지를 순례하는데 이때 간디스 강에 투신하거나 신을 신고 가는 마차나 차의 바퀴에 몸을 던져 자살하면 다음의 세상에서 유리한 상태로 태어난다고 믿는다. 이렇게 힌두교는 비인도적 행위를 제물이라는 명분으로 정당화하였다.

2. 인도 선교전략

(1) 인도 선교의 장애요소

① 입국의 어려움

 독립 이후 인도정부는 모든 종교단체의 토착화 정책을 내세워 외국인들이 기관을 관리하는 것을 금지함으로 선교사들은 서서히 줄어들었고 현재는 법적으로는 선교사의 비자가 불가능하다. 그래서 한국 선교사들은 유학생 비자나 다른 명목으로 입국하여 활동한다.

 최근 힌두교 과격 단체인 RSS(신힌두교)는 이러한 비자로 인도에서 활동하는 선교사가 무려 8천명이나 된다는 사실을 알고 외국 선교사들을 추방하자는 운동을 전개한다. 이들의 명목은 인도를 외국의 종교와 문화에서 보호하자는 것이다.

 이들은 한 걸음 더 나아가 외국 선교사가 활동하는 지역에는 힌두교 선교사를 파송 해야 한다고 역설한다는 것이다. 인도의 일부 구에서는 외국인에 의한 개종활동이 전혀 금지된다. 그러나 이러한 어려움 중에서도 인도 교회가 인도 복음화를 위하여 많은 노력을 기울이고 선교회를 조직한 것은 고무적인 일이라고 생각한다.

② 경제적 어려움

 인도 교회는 경제적으로 가난한 것이 앞으로 해결해야 할 과제이다. 인도의 경제적 상황에서는 불가피한 상황이지만 오랫동안 식민지 시대를 경험한데다 자립정신을 가르치지 않았기 때문에 교회의 자립도가 너무나 낮다. 그리하여 교회의 젊은 청년들은 목사가 되기를 싫어한다. 인도 교회의 목사는 어떤 점에서 고달프다. 시골 교회는 너무나 가난하고 좀 경제 형편이 좋아서 목사가 좋은 옷이라도 입으면 외국돈을 얻어서 잘 산다고 사회인들이 비난한다.

③ 종교적 어려움

힌두교도 들은 아직도 기독교에 대하여는 아주 배타적이다. 힌두교 선교전략은 고도의 지혜와 인내와 노력이 요구된다. 인도에서 힌두교를 바꾸는 것은 인도인이 되는 것을 포기하는 것과 다를 바 없이 여겨진다. 사람들의 생활양식과 습관, 풍속 등은 종교의 부산물인데 인도는 힌두교의 세계관이 사회를 지배한다.

예를 들면 최근 인도에서는 콜레라가 유행하여 많은 사람들의 목숨을 빼앗아 갔는데, 이것은 인도인들이 쥐를 잡기보다는 오히려 소중히 여기는 이유는 쥐가 축복 가나파티(Ganapatih Pillayar)를 이송하여 준다고 믿기 때문이다. 가나파티는 코끼리 신이다. 쥐가 코끼리를 운반한다는 것 자체가 만화적이다. 작년도 콜레라로 인하여 정부는 쥐를 잡을 것을 명하여 많은 사람들이 이에 호응하였지만 그러나 아직 사람들은 쥐잡기를 두려워한다. 쥐가 먹는 식량 또한 엄청나다.

그래서 우리가 보기에는 힌두교를 그대로 두고 인도의 발전은 없다고 보는데 인도의 인도인들은 힌두교를 철저히 고수하려고 한다. 특히 과격 힌두교도 들은 외국의 종교를 파괴하려고 조직적으로 운동을 전개한다.

(2) 실제적인 선교전략

① **가족 단위와 부족 단위의 선교 전략**
 인도 사회는 수많은 부족으로 구성된 사회이며 부족과 가족의 유대감이 강한 사회이다. 이러한 문화 사회의 배경에서 개인을 전도하면 개종자는 전통사회에서 심한 박해에 부딪히게 되고 경제적인 곤란도 가중되게 된다. 이러한 박해가 계속 오래 될 경우 개종자는 인내하지 못하고 다시 본래의 종교로 되돌아가는 경우가 많게 된다. 가족 단위의 전도는 일차적인 직접적 박해를 방지할 수 있고 그 가족과 혈족 관계에 있는 다른 가족까지 전도할 수 있는 기회를 갖게 한다.

② **토착화 전략**
 선교의 토착화를 가장 강하게 주장한 피선교지 교회는 특히 인도였다. 인도의 자유주의 신학자들은 기독교를 문화의 침략자로 간주하면서 토착문화를 존중하는 선교를 역설했다. 인도가 토착화에 더욱 민감한 반응을 보이는 것은 영국의 오랜 식민지에 대한 반항에서 자신의 문화유산을 더 보존하려는 주체

의식이 강하게 나타났기 때문이다.

　인도 선교의 역사는 과도한 토착화와 문화 파괴의 양극단이 교차한 경험이 있다. 포르투갈의 바스코다 가막이 포르투갈 왕의 보호 아래 인도에 왔는데 그의 선교는 힌두교와 회교의 사원을 파괴하는 것이었다. 그러나 예수회 선교회의 데노빌리(De Nobili)는 힌두교도 들에게 전도하기 위하여는 힌두화 해야 한다는 신념으로 힌두교 복장과 음식을 하고 산스크리트어를 연구하여 전도했다.

　그러나 그는 개종자들에게 힌두교의 의식과 풍습을 버리지 말라고 권함으로 혼합주의의 인상을 주었다. 그는 브라만 계급을 상대로 전도하여 개종자를 얻었으나 브라만은 떠났고, 하층 계급의 사람들만이 잔류했다. 그의 개종자들이 보여준 신앙은 기독교와 힌두교의 혼합이었다. 그러나 개신교 선교는 교회연합과 적당한 토착화를 함으로 교회가 성장하였다.

　③ 자립 원리의 강조
　인도 교회 신자들은 대체로 하류 계층이다. 따라서 경제적으로 가난한데, 이것은 물론 동남아 기독교가 안고 있는 공통된 문제이다. 특히 인도 교회는 19세기 불가촉 천민들(이것을 간디는 하나님의 백성을 의미하는 하리잔이라고 표현하였음)이 흉년과 재난의 시기에 선교사들의 구호와 봉사를 통하여 개종하였기 때문에 자립을 배우지 못하였다. 인도 교회는 지금도 가난하지만 성경의 원리대로 자립을 가르쳐야 한다.

④ 선교사의 인격과 절제 생활

힌두교와 불교권에서의 선교사는 인격적으로 통전상과 신뢰성을 갖춤과 아울러 자비의 사람으로 나타나야 한다. 헨드릭 크래머는 메시지의 접촉점으로 선교사의 인격을 들었는데, 그의 지적과 같이 선교사가 인격적으로 현존에 실패하면 어떠한 메시기와 전략도 무효하다.

특히 힌두교는 종교인이 지나치게 부유하거나 사치하면 경건미가 없으며 종교인으로서의 목적을 수행할 수 없는 것으로 간주한다. 빌리 그레함 박사가 인도 방문시 신학자 나일즈에게 선교사가 인도에서 가져야 할 자세에 대하여 물었다. 여기에 대하여 나일즈는, 선교사는 금욕적인 모습을 보이지 않으면 그 사람은 하나님의 뜻에 부합하지 않는 사람으로 간주한다는 것이다. 이것은 우리나라 선교사뿐만 아니라 서양 선교사들이 유념해야 할 사항이다.

한 나라의 복음화를 위해서는 그 나라의 종교에 대하여 알아야 한다. 특별히 인도 선교를 위해서는 힌두교에 대한 기본적인 이해가 필수적이라 사료된다. 왜냐하면 인도인들은 인더스문명에서부터 시작하여 장구한 세월을 힌두교의 세계와 가치관으로 침륜 되어 왔기 때문이다.

이러한 사실을 염두에 두면서 이제까지의 내용을 간략히 요약 정리한다. 힌두교의 역사는 4시대로 이어져 왔는데 정통으로 이어지는 아리아인들의 종교를 정통 브라만교라 부른다. 처음 시기인 리그 베다시대(B.C. 2000~600)에 인도인들은 무수한 신들을 섬겼다. 그러다가 B.C. 600 이후부터 범아일여(梵我一如) 사상이 싹트기 시작했고 지금까지 발전되어 왔다. 이 사상은 보편적 자아(自我)인 브라만과 객관적 자아인 아트만이 하나로 동일하다는 것이다.

그리고 이 사상은 힌두교의 목표의 해탈(解脫)의 근거가 된다. 이 사상에 의해 인도 힌두교인들의 특성인 혼합적, 포괄적인 성격이 형성되어 온 것 같다. 그러나 이 애매하고 포괄적 성품은 기독교의 교리를 자기들의 교리와 동일시하거나 유사하게 보는 등, 선교의 장애 요소가 되고 있다. 효과적인 선교사역을 위해서 정치, 경제, 종교, 입국, 카스트 제도 등 제반 문제들도 상세히 고려해야 할 것이다.

따라서 본고는 이러한 제 문제를 살피면서 인도 선교에 대한 효과적인 선교전략을 제시해 보았다. 특별히 한 가지 더 강조하고 싶은 것은 피 선교 국에 대한 경제적 지원 문제이다. 오늘날과 같은 물질 만능시대의 선교사역은 선교지원 없이는 거의 불가능하다고 사료된다. 피선교지 주민뿐만 아니라 선교사 그 가족 선교활동비 등을 충분히 고려해야 한다고 본다.

다만 어떤 지원이든 물질이든 의료, 교육, 사회적 지원이든 조건적이어서는 안된다(예수를 믿어야만 도움을 준다는 등). 그런 인상은 오히려 피선교지 주민들로 하여금 반감과 기회주의자를 만드는 역효과를 초래할 수 있다고 생각된다. 선교의 승패에 너무 집착하지 말로 오직 사랑과 진실로 정진해야 된다. 그리스도의 복음을 전하는 것 외에는 다른 아무 이유도 없다는 것을 저들에게 확실히 인식할 수 있도록 실질적인 삶을 통해서 보여주어야 한다. 오늘날 바로 이런 인식 전환이 선교사역에 필요할 것이다.

3. 불교의 입장

이 목사의 글은 인도의 힌두교를 기독교적인 입장에서 다뤘기 때문에 객관적인 가치 기준이 와해되고 있다고 본다. 그러므로 이를 싣지 않는 것이 좋다고 생각되었으나 기독교인들의 전도사고(傳道思考)가 어느 정도인지 다른 종교인들도 새롭게 인식할 필요가 있다고 생각되어서 그대로 놓아둔다.

사실 이것은 불교도들에 대한 책임도 크다. 불교가 불교 노릇을 제대로 하지 못했기 때문에 힌두교화, 이슬람화 한 것이다. 그러나 지금 인도 사람들 가운데서는 5천년 인도 역사 가운데서 가장 복된 삶을 하였던 시대가 아쇼카왕 시대라 하며 경제, 정치, 문화 여러 면에서 아쇼카 클럽이 만들어져 스스로 복귀하기를 희망함으로써 씨까지 말라 버렸던 불교가 이제 겨우 0.5% 정도 살아나고 있다.

불교도들의 선교전략에 의해서가 아니라 인도인들의 각성 속에서 더 나아가서는 세계의 민주화 과정에서 차별 받던 사람들에 의해 새롭게 발돋음 하고 있다.

그래서 세계의 불교인들은 유네스코를 중심으로 하여 불교 성지를 복원하는데 주력하고 있다. "세계의 참된 평화는 석가모니의 불살생 정신에 의해서만 완벽하게 성취될 수 있다" 주장한 우탄트 사무총장의 주장에 의해서다.

힌두교 왕국 네팔에 부처님의 탄생지 룸비니가 개발되고 카필라국이 복원하였으며, 성도지 붓다가야 대탑이 그 모습을 드러내고 전법지 베나레스에 녹야원이 살아났다.

그리고 요즈음은 한창 유마거사의 출생지 베살리성의 성지와 암바발리동산 들이 발굴되고 있고, 왕사성 영축산, 사위성의 기수급고독원이 복구되고 있고, 열반지 쿠시나가르도 새롭게 단장되었다. 엘로라아잔타 석굴과 산치의 대탑은 세계적인 보물이다. 세계에서 가장 오래된 불교대학 나란다가 뉴나란다 대학, 대학원으로 만들어져 세계 각국의 불교도들이 유학하고 있으며, 매년 세계 각국에서 쏟아져 나오는 불교학 논문들이 세계의 지성들을 놀라게 하여 불교의 발상지 인도에 대한 관심이 더욱 커져가고 있다.

1년이면 약 1천만 명에 가까운 숫자가 불교서이를 순례함으로써 이들을 안내하고 있는 가이드들과 문화재 관리국, 사람들이 외국 학자들에게 답변을 위해 불교에 관심을 갖는 인도인들이 많아지고 있다.

인도는 하루아침에 변혁될 수 없다. 15억에 달하는 인구도 인구지만 그 중 3억 8천만이나 되는 공무원들이 대부분 힌두교 신자이기 때문이다.

그래서 그들과의 접촉을 위해서 스리랑카, 타이, 캄보디아,

미얀마, 라오스, 일본, 독일, 한국 등 세계 각국의 불교도들이 불교성지에 각기 자기나라 절을 짓고 그들 나름대로의 불교를 심으며 인도 사람들을 교육하며 운영하고 있다.

바다가 산이 되고 산이 바다가 되는 일이 80겁에 한 번씩 이루어진다. 하지만 인도 사람들은 다시 태어나도 그 습관을 하루아침에 버리지 못할 것이다.

부처님은 "이 세상 맨 마지막에 인도가 깨닫게 될 것이다" 예언하였다. 동양 사상이 서양으로 가서 다시 서양에서 동양화 한 뒤, 그것이 다시 한번 인도화 할 때 인도는 깨어난다고 하였다. 300년 동안 인도를 다스렸던 영국이 이미 손을 든지 오래되었다. 성녀가 문둥병환자를 살피다가 노벨문학상을 받았는데, 그 성녀가 그렇게까지 위대하게 된데는 인도인들의 힘이 크다고 생각하는 사람들이 인도 사람들이다.

그러므로 불교는 종교적인 면에서 문화적인 면에서 인도인의 자각을 촉구할 뿐 인도 자체를 성역화 한다든지 불교화 한다는 전략을 가지고 있지 않다. 인도는 어디까지나 인도이기 때문이다. 단지 어리석음을 깨닫고 밝은 마음으로 세상을 평화스럽게 살아가기 바랄 뿐이다.

발문

　1981년 나는 인도에 갔다가 예수님이 16년 동안 인도에 머물러 있었던 사실을 알고 첫째, 예수님의 잃어버린 세월에 대한 의심이 없어지게 되었고, 둘째, 성경에 나타난 언어가 불교와의 깊은 관계가 있었다는 사실에 대한 의구심도 풀게 되었다.
　그래서 그때부터서 나는 기독교와 불교를 달리 보지 않고 큰집 작은집, 부모와 자식지간으로 이해하고 기독교는 서양식 불교이고 불교는 동양식 불교라 생각하였다. 단지 지역적인 풍습과 사회적 여건 때문에 그 입장을 달리하게 되었다고 생각하고 보다 깊이 이해하기 위하여 공부에 따라 달리 이해가 되었기 때문이다.
　그런데 그 뒤 얼마 있다가 유럽에 가서 불란서 루브르박물관과 영국의 대영박물관, 그리고 로마박물관에서 고전 양피지의 성서를 보고 이에 대한 확신을 갖게 되었고 급기야는 하와이 동서문화센터에 가서 동서문화의 교류를 어떻게 이해해야 될 것인가에 대해서도 자문한 바 있다.
 그러나 어쨌든 불교와 기독교는 오랜 세월 서로가 다른 환경 속에서 유리(遊離)되어 왔기 때문에 교주들의 근본정신과는 관계없이 자식이 부모를 몰라보게 성장하게 되었고, 제자가 스승을 잊어버릴 정도가 되었다.
 일생동안 불란서 문학을 하여 불란서 대통령이 수여하는 문화훈장을 받은 한양대학교 민희식교수는 "법화경과 신약성서", "예수의 잃어버린 세월"에 대한 글을 쓰고 지금은 오히려 문학보다는 불교와 기독교에 대한 강의를 더 많이 하고 있다고 한다.
 역사란 꾸밀 수 없다. 설사 그것을 이것저것 꿰어 맞추어 꾸며놓는다 하더라도 언젠가는 드러나고 만다.

 1983년 하와이 대원사에 강의 갔다가 천주교 집안 출신 법일스님을 만나게 되었다. 스님은 일생을 청정비구로써 무소유 생활을 하고 있었는데, 오직 피리 하나를 가지고 세계 각국을 돌아다니며 법음을 전하고 있었다.
 그런데 몇 년 전 한국에 오셔 청량리 금강선원에서 금강경 오가해를 함께 공부하다가 선문(禪文)에 심취하여 함께 강의본을 낸 일이 있다. 그런데 요즈음 스님의 친동생 이창복 목사를 소개하여 만나게 되었는데 참으로 공부를 많이 한 분이었다.
 일생을 상담심리학 연구로 학위를 네 개씩이나 받고 거기에 부응하는 논문을 40여 편이나 쓴 대 학자였다. 기독교 사상에

몰두하다 보니 60이 넘도록 결혼도 잊어버리고 살았다 한다.
 만날 적마다 박사님의 논문을 가져다주어 읽다 보니 각고의 정진이 그 속에 베어 있다는 것을 알게 되었고, 급기야는 기독교와 불교가 지향하는 복지사업은 별로 차이가 있는 것 같이 느껴지지 않았다. 그래서 우리는 두 사람이 뜻을 합하여 책을 내고 나머지 생을 이들 복지사업에 헌신하기로 다짐하였다.
 한 사람의 목사와 법사가 이례적인 만남을 통해 갑자기 이루어진 일이라 서로가 두 종교의 교리상 의견상 다소 다른 점이 있다 하더라도 독자 여러분께서 널리 이해해 주시고 이 시대의 노인과 청소년, 그리고 고독한 사람들의 삶과 죽음에 대하여 함께 고민해 주실 것을 부탁드린다.

불기 2547년 6월20일
활안 한정섭 씀

⊡ 판 권
　소 유

기독교의 상담심리학과
불교의 상담심리

2003년 8월 1일 인쇄
2003년 8월 10일 발행

발행처 / 불교정신문화원
발행인 / 불교통신교육원
공 저 / 한   정   섭
　　　　이   창   복

발행처 / 477-810 경기도 가평군 외서면 대성리 산 185번지
전화 : (031) 584-0657
등록번호 76. 10. 20 경기 제 6 호

총판 / 130-011 서울시 동대문구 청량리 1동 51-14
전화 : (02) 962-1666

값 12,000원